DAS MUSEUM FÜR ANTIKE SCHIFFAHRT I

RÖMISCH-GERMANISCHES ZENTRALMUSEUM
FORSCHUNGSINSTITUT FÜR VOR- UND FRÜHGESCHICHTE

BARBARA PFERDEHIRT

DAS MUSEUM FÜR ANTIKE SCHIFFAHRT

EIN FORSCHUNGSBEREICH DES RÖMISCH-GERMANISCHEN ZENTRALMUSEUMS

I

MAINZ 1995
VERLAG DES RÖMISCH-GERMANISCHEN ZENTRALMUSEUMS

Graphik

Harald Bukor (Farbtaf. 6) · Heike Wolf von Goddenthow (Farbtaf. 4-5) · Fanny Hartmann (Farbtaf. 2-3)
Katja Hölzl (Abb. 9-10, 17-19) · Andrea Hofstätter (Abb. 12, 20-23, 25-31, 46)
Julia Ribbeck (Farbtaf. 7)

Photo

Dörte Süberkrüb (Abb. 38)
Volker Iserhardt (Abb. 1-3, 13-14, 18, 20, 24, 32-37, Titelbild, Farbtaf. 1, 8)

Die Deutsche Bibliothek – CIP-Einheitsaufnahme

Das **Museum für antike Schiffahrt** : ein Forschungsbereich des
Römisch-Germanischen Zentralmuseums / Römisch-
Germanisches Zentralmuseum, Forschungsinstitut für Vor- und
Frühgeschichte. – Mainz : Römisch-Germanisches
Zentralmuseum.
NE: Römisch-Germanisches Zentralmuseum <Mainz>

1. Barbara Pferdehirt. – 1995
ISBN 3-88467-033-6
NE: Pferdehirt, Barbara

ISBN 3-88467-033-6

© 1995 Verlag des Römisch-Germanischen Zentralmuseums
Zweite, durchgesehene Auflage

INHALT

Abb. 1   Das Museum für Antike Schiffahrt in Mainz.

DER FORSCHUNGSBEREICH »ANTIKE SCHIFFAHRT« UND SEIN MUSEUM

Ein zentrales Forschungsthema in der Archäologie stellen die Beziehungen der Mittelmeerwelt zu West-, Mittel- und Nordeuropa dar. Dabei konzentrieren sich die Arbeiten vornehmlich auf vergleichende Untersuchungen von Siedlungsplätzen und Friedhöfen mit ihrem Fundgut, das Einblicke in solche Kulturverbindungen gewährt. In den so gewonnenen Forschungsergebnissen werden in vielfältiger Weise die Wechselwirkungen zwischen den mediterranen Hochkulturen und den barbarischen Nachbarkulturen sichtbar.

Es überrascht, daß in diesem Zusammenhang Untersuchungen zum Schiffsbau und dem dadurch ermöglichten Seeverkehr bisher nur nachgeordnetes Interesse gefunden haben, waren doch gerade die Wasserwege natürlich vorgegebene Verbindungen über weite Räume. Forschungen jedoch, die sich diesem Bereich widmen, zeigen, mit welchen Mitteln und Organisationsformen die Menschen früherer Zeiten Fernbeziehungen gestaltet haben. Große Bedeutung kommt hierbei Untersuchungen für die römische Zeit zu, denn durch die Ausbreitung des Römischen Reiches über die Mittelmeerwelt hinaus

1

Abb. 2 Museum für Antike Schiffahrt. – Eingangsbereich in der Neutorstraße.

Abb. 3 Museum für Antike Schiffahrt. – Rückfront an der Rheinseite.

nach Nordwesteuropa und bis an Rhein und Donau gelangten mediterrane Schiffsbautechnik und organisatorische Strukturen in Form der römischen Flotten unmittelbar nach Zentraleuropa.

Der Forschungsbereich »Antike Schiffahrt« des Römisch-Germanischen Zentralmuseums hat daher diese Epoche zu einem Schwerpunkt seiner Arbeit gemacht. Deren Ziel ist es, durch Auswertung der Befunde von Unterwasserarchäologie, bildlicher Darstellungen auf antiken Denkmälern und der schriftlichen Überlieferung einerseits Erkenntnisse über die unterschiedlichen Traditionen des antiken Schiffsbaus zu gewinnen, die dann die Rekonstruktion der verschiedenen Schiffstypen und die Erklärung ihrer Funktion ermöglichen, andererseits Beiträge zur Struktur und Aufgabe ziviler und militärischer Schiffahrt im römischen Staat zu liefern. Spezielle Bedeutung erhalten dabei regionale Eigenentwicklungen, da durch sie die Wechselwirkung zwischen den antiken Zentren und ihrer Peripherie in besonderem Maße aufgezeigt werden kann.

Die Ergebnisse seiner Arbeit präsentiert der Forschungsbereich in der im Aufbau begriffenen ständigen Ausstellung seines Museums. Mit dem ersten Textband des Katalogs werden die Erkenntnisse zum spätantiken Schiffsbau im Rheinland in Verbindung mit dem Typ des schnellen Ruderschiffs aus Mainz vorgelegt. Ausgehend von den epigraphischen Denkmälern der Classis Germanica, der römischen Rheinflotte vom 1.-3. Jahrhundert n. Chr., wird die Struktur der römischen Reichsflotten dargestellt. Ausgewählte Beispiele zeigen die Bautätigkeit der Flotten, die bis in den zivilen Bereich gewirkt hat.

Die Einrichtung des Forschungsbereichs »Antike Schiffahrt« des Römisch-Germanischen Zentralmuseums und seiner Ausstellung wurde vom Wissenschaftsrat 1988 befürwortet. Die Stadt Mainz erwarb das Gebäude und stellte es für die aufwendigen Umbaumaßnahmen zur Verfügung. Nachdem die erforderlichen Geldmittel vom Land Rheinland-Pfalz unter maßgeblicher Beteiligung der Bundesregierung bereitgestellt waren, konnten die Bauarbeit 1989 und die Tätigkeit des Forschungsbereiches 1990 aufgenommen werden. Die ständige Ausstellung wurde am 28. November 1994 eröffnet.

DIE SPÄTANTIKEN KRIEGSSCHIFFE AUS MAINZ

Von November 1981 bis Februar 1982 wurden bei Ausschachtungsarbeiten für den Erweiterungsbau des Hiltonhotels in Mainz zwischen Rhein- und Löhrstraße Teile von fünf römischen Schiffen entdeckt (Abb. 4). Sie lagen ca. 7,5 m unter dem heutigen Straßenniveau. In römischer Zeit befand sich hier unmittelbar vor der Stadtmauer, dem damaligen Rheinufer, offenbar ein Hafenbereich (Abb. 5). In einem stillgelegten Teil dieses Hafens wurden die Schiffe abgewrackt; die nicht demontierbaren Rümpfe liefen voll Wasser. Während sie allmählich auf Grund sanken, drehten sie sich auf die Seite, meist auf die linke (Abb. 6). Nur diese Partien wurden von den Flußsedimenten überlagert und geschützt, so daß sie bis heute erhalten blieben. Die übrigen Teile vermoderten dagegen.

Nach den Funden zu urteilen, die in die Wracks eingeschwemmt wurden, gehören alle Schiffe ins 4. Jahrhundert n. Chr. Aufgrund ihrer charakteristischen Formen handelt es sich bei ihnen um Kriegsschiffe. Vermutlich wurden sie in der Katastrophe der römischen Rheinarmee aufgegeben, als zu Silvester 406 n. Chr. Germanenstämme bei Mainz den Rhein überquerten und die Grenzverteidigung zusammenbrach.

260 n. Chr. hatten sich die Römer aus dem rechtsrheinischen Teil der Provinz Obergermanien zurückgezogen. Der Rhein bildete seit dieser Zeit wieder die Grenze zu Germanien – eine sehr gefährdete Grenze, wie der Ausbau des linken Rheinufers mit Kastellen und die Anlage rechtsrheinischer Kleinfestungen im 4. Jahrhundert zeigen. In dieser Situation benötigte man Kriegsschiffe einerseits als Patrouillenschiffe zur Grenzüberwachung, andererseits, um Soldaten sehr rasch an gefährdete Stellen transportieren zu können. Mit diesen Aufgaben waren auch die Besatzungen der fünf Kriegsschiffe aus Mainz betraut.

Die Ausgrabung der Wracks und ihre Bergung erfolgten durch das Landesamt für Denkmalpflege Rheinland-Pfalz, Abteilung Archäologische Denkmalpflege, Amt Mainz, unter Leitung von Dr. G. Rupprecht. Die photogrammetrische Dokumentation nahm Prof. Dr. W. Böhler, Fachhochschule Rheinland-Pfalz, Abteilung Mainz I, Fachbereich Geoinformatik und Vermessung, vor. Während man Schiff 1 in einem Stück bergen konnte, wurden die übrigen Schiffe bei der Bergung in Teile zersägt. Die anschließende Dokumentation wurde bald dem Römisch-Germanischen Zentralmuseum übergeben.

Für die wissenschaftliche Bearbeitung mußte man die Wracks zunächst vollständig demontieren und gründlich reinigen. Jedes einzelne Konstruktionselement wurde anschließend im Maßstab 1:1 auf durchsichtige Folie gezeichnet. Da aufgrund der ungünstigen Bergungsumstände – bis zur Auffindung fuhren tonnenschwere Baufahrzeuge über die Schiffe hinweg, und die schlechte Witterung schadete dem Holz zusätzlich – alle Teile in kleine Stücke zerbrochen waren, mußten in den Zeichnungen neben den technischen Beobachtungen auch alle Bruchkanten und die Inventarnummer jedes Stückes vermerkt werden. Nach der zeichnerischen Dokumentation legte man die Fragmente in Wasser, um sie bis zur Konservierung vor Austrocknung zu schützen.

Mit der Einrichtung des Forschungsbereiches »Antike Schiffahrt« des Römisch-Germanischen Zentralmuseums begann die Konservierung des Holzes. Zur Entfernung der im Laufe der Jahrhunderte ins Holz eingedrungenen Bodensalze wurden alle Bruchstücke zunächst mit destilliertem Wasser behandelt. Anschließend erfolgte die Tränkung mit Kunstharz, um die zum größten Teil abgebauten Zellwände zu stabilisieren. Nach der Tränkung, die je nach Format unterschiedlich lang dauerte, wurde das Holz in einer Mikrowellenanlage getrocknet. Die so konservierten Fragmente konnten nun mit Hilfe der Folienzeichnungen wieder zu Planken, Spanten usw. zusammengeklebt werden. Schließlich fügte man die zusammengesetzten Einzelteile wieder so aneinander, wie es die photogrammetrische Befundzeichnung zeigte. Die Schiffe aus Mainz sind in der Ausstellung also in ihrer Fundlage zu sehen.

Großphoto: Die Ausgrabungen 1981/82 in der Baugrube des Hiltonhotels

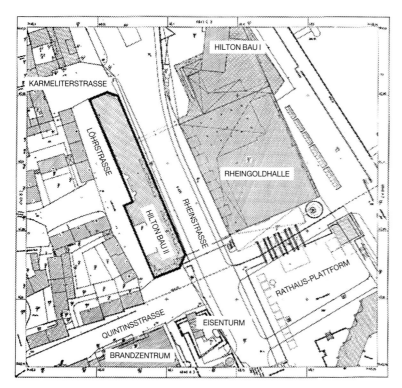

Abb. 4 Die Fundstelle der spätantiken
Schiffe in Mainz.

Abb. 6 Die Lage der
Schiffe in der Baugrube
des Hilton-Hotels.

Abb. 5 Die römische Stadtmauer  von Mainz
und die Fundstelle der spätantiken Schiffe.

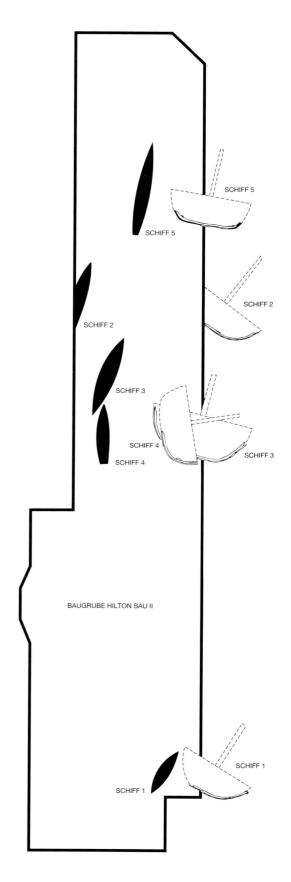

UFERSZENEN VOR EINER STADT IN DER SPÄTANTIKE

Auf vier großen Leuchtbildern werden die spätantiken Schiffe, die man aus Mainz kennt, in ihre damalige Umwelt gestellt. Im ersten Bild sieht man, wie die Schiffe gebaut werden (Farbtafel 2). Beim rechten Schiff, dem Typ des schnellen Mannschaftstransporters, werden die Planken an den Spantschablonen befestigt (Mallenbauweise; vgl. dazu unten S. 24). Im linken Schiff sind dagegen die Schablonen schon durch die endgültigen Spanten ersetzt.

Das zweite Bild zeigt den Stapellauf zweier Schiffe (Farbtafel 3). Im rechten Schiff, das bereits zu Wasser gelassen ist, wird der Mast aufgerichtet. Die Arbeit der beiden Männer, die ihn von hinten hochstemmen, wird vorn im Bug durch einen Mann an einem Flaschenzug unterstützt. Das linke Schiff wird gerade ins Wasser gezogen. Ein Teil der Mannschaft sitzt bereits im Schiff, der andere stützt es von außen ab.

Vor dem Stadttor des dritten Bildes liegen zwei Kriegsschiffe an einem Pier. In beiden sind die Masten aufgerichtet und die Rah mit dem angeschlagenen Segel hochgezogen. Aus der Stadt rücken Soldaten an, um die Schiffe zu besteigen.

Auf dem vierten Bild begegnen sich spätrömische Kriegsschiffe auf dem Rhein. Während das flußabwärts fahrende von den Soldaten gerudert wird, haben die entgegenkommenden Segel gesetzt, um einen günstigen Wind zur bequemeren Fahrt auszunutzen.

Leuchtbilder: Schiffe werden gebaut – Schiffe beim Stapellauf – Schiffe am Pier – Schiffe auf dem Strom

REKONSTRUKTION UND BESCHREIBUNG
DER MAINZER SCHIFFE

NACHBAU 1

Dem Nachbau 1 (Farbtafel 1 u. Abb. 17) liegen für die Vorderpartie vom Mastspant bis zum Vordersteven das originale Schiff 5, für den Mittschiffs- und Heckbereich das Schiff 1 zugrunde. Es handelt sich um ein 21,6 m langes, in der Mitte 2,79 m breites Ruderschiff. Es mißt von der Unterkante des Kiels bis zur Oberkante der Ruderauflagen 0,96 m. Bei voller Beladung tauchte es ca. 0,4 m tief ins Wasser ein, d.h., die Stevenspitze ragte normalerweise immer etwas aus dem Wasser heraus.

Das Schiff wurde von 32 Ruderern angetrieben, 16 hintereinander auf jeder Seite. Die theoretische Rumpfgeschwindigkeit von 20 km/h werden sie nicht erreicht haben; dennoch war es ein außerordentlich schnelles Schiff. Bei günstigem Wind konnte es gesegelt werden. Das Segel wurde von zwei Männern bedient, die auf den beiden Sitzbänken (Duchten) hinten im Schiff unmittelbar vor der Steuerungsanlage saßen; der Platz des Steuermanns war im Heck hinter dem Ruderbalken. Er steuerte das Schiff mit Hilfe von zwei außen am Schiff gelagerten Steuerrudern. Das verwendete Material und der Bauablauf des Nachbaus haben sich an den Originalwracks orientiert. Er besteht wie die Originalschiffe aus Eichenholz. Es wurden handgeschmiedete Eisennägel verarbeitet. Das Kalfat und das Tauwerk bestehen aus Hanf; für das Segel wurde Leinen verwendet. Wie die Spuren an den Originalschiffen belegen, sind die Mainzer Schiffe mit Spantschablonen (Mallen) gebaut worden, an denen man die Planken zunächst provisorisch befestigte, bis man die endgültigen Spanten in den so entstandenen Schiffsrumpf einsetzte (vgl. unten S. 26 ff.). Auch der Nachbau ist in dieser Technik gebaut worden.

Die Nägel, die Spanten und Planken zusammenhalten, wurden wie bei den Originalen doppelt gekröpft. Wie die Schiffe 1 und 5 hat auch der Nachbau dreigeteilte Spanten; bei ihnen sitzen Auflanger und Wrangen, d. h. die senkrechten und waagerechten Teile eines Spants, nebeneinander (vgl. unten S. 32). Für das Überwasserschiff, vor allem die Dollbordkonstruktion, und für die Inneneinbauten konnten nur die Beobachtungen an Schiff 1 herangezogen werden, weil sich das Schiff 5 in diesen Partien nicht oder nur schlecht erhalten hat. Lediglich auf den originalen Außenanstrich aus Holzpech wurde beim Nachbau verzichtet, um die technischen Einzelheiten, die man außen am Schiff studieren kann, nicht zu verdecken. Mast, Segel und Tauwerk haben sich bei den Originalen nicht erhalten. Deshalb liegen diesen Rekonstruktionen antike Darstellungen zugrunde. Gerade die Besegelung ist besonders detailreich bei großen Frachtseglern abgebildet, die teilweise eine komplizierte Tauwerksführung besaßen. Für den Nachbau 1, dessen Besegelung nur einen Hilfsantrieb darstellt, wurde stets die einfachste Lösung gewählt. Der Nachbau 1 verkörpert den Typ eines spätantiken Kriegsschiffes, bei dem die Soldaten selbst ruderten. Mit diesen Schiffen war es möglich, sehr rasch 35 Soldaten – 32 Ruderer, zwei Leute, die das Segel bedienten, und den Steuermann, der zugleich wohl Kommandant war – zum Einsatzort zu transportieren.

DER BUG

An den Originalen hat sich lediglich bei Schiff 5 der unterste Teil des Bugs, der Vordersteven, erhalten. Für die Rekonstruktion des aufgehenden Teils war man daher auf antike Darstellungen angewiesen. Alle Abbildungen römischer Kriegsschiffe zeigen oberhalb der Schwimmwasserlinie eine nach oben konkav zurückschwingende Bugkontur. Dies hängt mit den Rammspornen zusammen, die die Kriegsschiffe ursprünglich trugen. Aber auch später, als Rammsporne nicht mehr benutzt wurden, behielt man

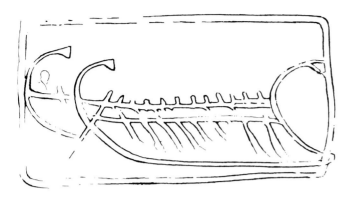

Abb. 7 Darstellung eines römischen Kriegsschiffs auf einem Ziegel der 22. Legion.

Abb. 8 Darstellung eines römischen Segelschiffs am Grab der Naevoleia Tyche in Pompeji, Nekropole vor dem Herculaner Tor.

8

– wohl aus Tradition – diese Bugform bei, wie z. B. ein Ziegel der 22. Legion aus Mainz zeigt (Abb. 7), auf dem ein Kriegsschiff der Legion zu sehen ist. Wandbilder aus Pompeji und ein Mosaik in Althiburus (Tunesien) lassen erkennen, daß die Bugwände bei Schiffen dieser Form in einem stumpfen Winkel gegen den formgebenden Mittelsteven stoßen. Gleichzeitig sieht man auf diesen Abbildungen deutlich, daß der Mittelsteven oberhalb der Bordwand nach vorne schwingt und in einem stilisierten Tierkopf ausläuft. Zur Konstruktion des Bugs vgl. unten S. 27 f.

DER MAST UND DIE RAH

Obwohl die Schiffe, die dem Nachbau 1 zugrunde liegen, in erster Linie Ruderschiffe waren, konnten sie bei Bedarf auch gesegelt werden. Der leicht nach vorn geneigte Mast steckte in einem viereckigen Loch des breiten Mastspants, der Mastspur. Sie verhindert ein Drehen des Mastes. Im unteren Bereich sichert die Mastducht, die Ruderbank über dem Mastspant, den Mast. Da dieser, wenn er nicht gebraucht wurde, auf dem Schiffsboden zwischen den Ruderbänken lag und deshalb von hinten aufgerichtet wurde, besitzt die Mastducht eine nach hinten offene Aussparung für den Mast; nach vorn ist sie geschlossen. Richtig in seiner Position gehalten wurde der Mast aber durch drei Taue, die oben unterhalb der verdickten Mastspitze festgemacht waren. Ein Tau, das Vorstag, führte dabei nach vorn. Es endete in der Rolle eines Flaschenzuges. Die zweite Rolle des Flaschenzugs war mit dem Ende eines weiteren langen Taus unten im Schiff fest angeschlagen. Dieses zweite Tau wurde durch beide Rollen des Flaschenzugs geführt, so daß das Aufrichten des Mastes von vorn unterstützt werden konnte. Die beiden anderen Taue, die Wanten, liefen ein Stück nach hinten zur Schiffmitte zu. Sie fingen den möglichen Seitenzug des Mastes ab und waren an den Bordwänden zwischen den Innenplanken mit Knebeln verankert. Die Verdickung der Mastspitze, im Lateinischen Carchesium genannt, läßt sich auf vielen antiken Schiffsdarstellungen beobachten (Abb. 8). In ihm verbarg sich eine Rolle, Teil eines Flaschenzugs, mit dem die Rah am Mast hochgezogen werden konnte. Solche Mastspitzen waren bei Fischerbooten im Mittelmeergebiet bis ins 19. Jahrhundert hinein bekannt und dienten als Vorlage für das Carchesium des Nachbaus. Die Rah ist eine quer zum Mast verlaufende Holzstange, an der das Segel befestigt ist. Um sie möglichst leicht und elastisch zu halten, bestand sie in der Antike häufig aus zwei Teilen, die sich in der Mitte überlappten, also dort, wo die Rah größere Festigkeit braucht. Die beiden Teile waren mit Tauen zusammengebunden. Das Aufziehen der Rah erleichterte ein Flaschenzug: Ein Tau war unterhalb der verdickten Mastspitze am Mast befestigt. Es wurde durch eine fest mit der Rah verbundene Rolle geführt, nach oben über die zweite Rolle in der Mastspitze geleitet und von dort wieder nach unten. Ist die Rah hochgezogen, sitzt die an ihr angeschlagene Rolle oben vor dem Mast. Dieses Bild geben antike Darstellungen mehrfach wieder. Damit sich die Rah beim Hochziehen nicht um den Mast drehte, gab es eine Tauschlinge, die um den Mast lief und an der Rah festgemacht war. Die beim Heißen der Rah entstehende Reibung läßt sich durch aufgefädelte Holzkugeln vermindern. Daß bereits die Römer im 4. Jahrhundert n. Chr. ein solches Rack kannten, geht aus einer Beschreibung des antiken Autors Isidor hervor, der diese Kugeln als Maleoli bezeichnet. Nach dem Hochziehen der Rah wurde das Tau neben dem Mast angeschlagen. An den beiden Enden der Rah setzte je ein Tau an, die Brasse. Mit ihnen kann die Rah seitlich so gestellt werden, daß das Segel stets günstig zum Wind steht. Da die Handhabung der Brassen auf Kommando des Steuermanns schnell erfolgen mußte, waren sie nach hinten in die Nähe des Steuermanns geführt.

DAS SEGEL

Das große Segel ist aus waagerechten Tuchbahnen zusammengenäht. Damit es sich an diesen Stellen nicht löst, wenn der Wind das Segel bläht, sind die Nahtverbindungen besonders fest. Die einzelnen Streifen wurden oben und unten zweimal umgeschlagen und dann der obere doppelte Umschlag der unteren Bahn in den unteren des oberen Tuchstreifens gesteckt (Abb. 9-10). Die Nahtkante sitzt dabei auf der Vorderseite des Segels unten, auf der Rückseite oben. Alle sechs Tuchlagen sind dann in der Mitte

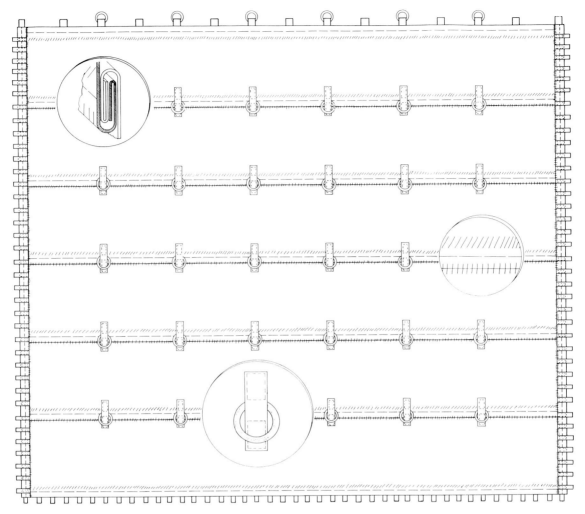

Abb. 9   Das Segel des Nachbaus 1. – Vorderseite.

zwiefach zusammengenäht. Die Nahtkanten wurden zusätzlich durch einen Grätenstich geheftet, so daß sich z. B. kein Regenwasser hinter den Nähten sammeln konnte. Die Tuchdopplungen erscheinen bei herabgelassenem Segel als dunkle Streifen. Diesen Effekt deuten einige antike Segeldarstellungen durch zwei parallele Linien an. Die senkrechten Segelkanten sind mit schmalen Tuchstreifen eingefaßt. Auch hier hält eine zwiefach genähte Naht die Stofflagen zusammen, während die Nahtkanten wieder mit einem Grätenstich geheftet sind. Rings um das Segel sitzen Stoffschlaufen, die zur besseren Haltbarkeit in die Umschläge bzw. Einfassungen eingenäht sind. Sie haben unterschiedliche Funktionen. Durch die seitlichen Schlaufen läuft je ein Tau, die sog. Schot. Sie ist oben fest an der Rah angeschlagen. In den Schlaufen an der Unterkante des Segels liegt ein weiteres mit den Schoten verbundenes Tau, das Unterliek. Die beiden Schoten verhindern, daß das Segel im Wind wie eine Fahne nach vorn flattert. Hinten im Schiff festgemacht, halten sie die unteren Segelecken in ihrer Position, wobei das Unterliek dafür sorgt, daß das Segel an den Seiten nicht nach oben rutscht. So kann das Segel vor dem Wind einen Bauch bilden. Heute wird ein Segel ringsherum mit einem Liektau eingefaßt, und die Schoten greifen in den unteren verstärkten Segelecken an. Die römischen Reliefs mit guten Segeldarstellungen sprechen aber für die Lösung mit den Schlaufen, denn sie sind durch feine, über die Taue hinweglaufenden Dop-

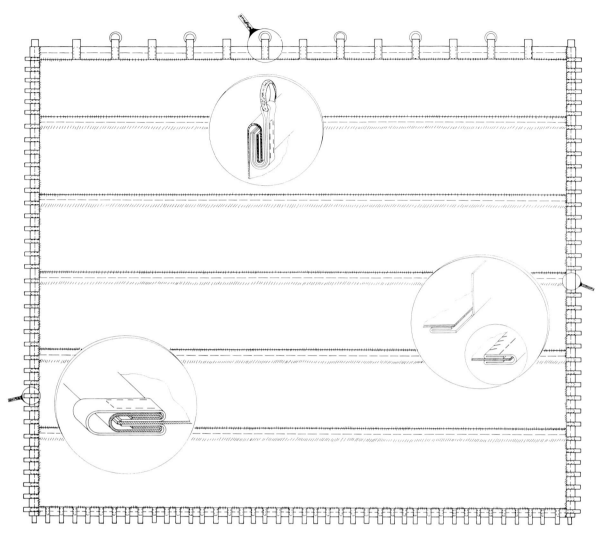

Abb. 10 Das Segel des Nachbaus 1. – Rückseite.

pellinien wiedergegeben. Am besten läßt sich das auf einem Relief aus Portus erkennen (Abb. 11). Da anscheinend in römischer Zeit vermieden wurde, in das Segel Löcher zu schlagen, wurden bei der Rekonstruktion des Segels auch an der Oberkante Tuchschlaufen angenäht. In jeder zweiten sitzt ein Ring, durch den das Tau zum Segelreffen läuft (siehe unten). Durch die dazwischenliegenden wird eine Reihleine gezogen. Mit ihr ist das Segel an der Rah angeschlagen. Dies geschieht durch einen Marlschlag (Abb. 12). Dabei wird die an einem Ende der Rah befestigte Reihleine hinter der Rah bis zur ersten Schlaufe geführt und durch diese gezogen. Anschließend führt man sie nach vorn und senkrecht über die Rah nach oben, bevor sie wieder nach hinten zurückläuft. Auf der Rückseite der Rah wird sie mit dem rückwärtigen Stück verschlungen, damit der Segelanschlag nicht seitlich verrutschen kann, und waagerecht weiter zur nächsten Schlaufe gezogen. Auf der Rahvorderseite ist also nur der senkrechte Verlauf der Reihleine zu sehen; die waagerechte Führung befindet sich auf der Rückseite. Dieses Bild zeigt das Segelschiff mit angeschlagenem Segel auf der Trajanssäule (Abb. 13). Dieselbe Szene bildet auch eines der Vorbilder für die Führung der Gordings, also der Taue, mit denen das Segel gerefft wird: Hier läßt sich deutlich erkennen, daß jeweils ein einzelnes Tau zwischen der Reihleine über die Rah nach hinten geführt worden ist. Zusammen mit einem Relief aus Narbonne, auf dem die Vorderseite des

11

Abb. 11 Römisches Frachtschiff auf dem »Torlonia-Relief« aus Portus in Rom.

Segels gut dargestellt ist, und einem aus Sidon mit einer Abbildung der Segelrückseite läßt sich die
Führung der Gordings rekonstruieren. Auf der Rückseite der Rah sind die Gordings mit der Reihleine
fest verbunden. Sie fallen hinter dem Segel frei nach unten (Sidon) und werden dann an der Unterkante nach vorn genommen. Auf derVorderseite werden sie durch Ringe wieder nach oben geführt (Narbonne) und laufen über die Rah nach hinten ins Schiff. Die Führungsringe hat man in einer Reihe un-
tereinander jeweils auf den Tuchnähten mit Laschen befestigt, nur der Ring an der oberen Segelkante

12

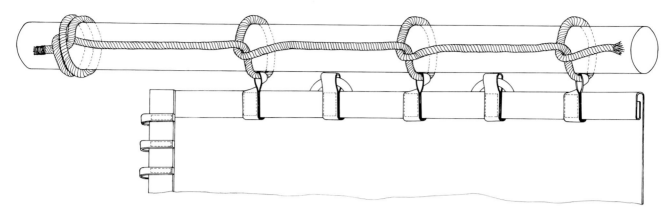

Abb. 12   Der Marlschlag zum Befestigen des Segels an der Rah (Rückseite).

steckt in einer Schlaufe. Diese Ringe sorgen für einen gleichmäßigen Abstand der Gordings, indem sie verhindern, daß diese beim Reffen verrutschen.

Durch die waagerechten Nähte und senkrechten Gordings erhält das Segel ein charakteristisches Aussehen: Es wird optisch in Rechtecke eingeteilt. Dieses typische Erscheinungsbild versuchen alle römischen Segeldarstellungen wiederzugeben, sei es durch Karos, die den Eindruck vermitteln, als sei ein römisches Segel aus Flicken zusammengesetzt, sei es durch ein netzartiges Gitter.

DIE SCHILDE

Im Dollbord von Schiff 1 gibt es zwischen den Ruderauflagen kleine rechteckige Aussparungen (Abb. 26). Sie sitzen nicht genau in der Mitte, sondern etwas nach achtern, also zum Heck des Schiffes hin, verschoben. Die Erklärung, welche Funktion diese Aussparungen gehabt haben können, liefern tönerne Schiffsmodelle aus Ardea und Bari in Italien: Bei ihnen hängen außen an der Bordwand Schilde. Da die Mainzer Schiffe, die dem Nachbau 1 zugrunde liegen, bei voller Bemannung sehr wenig Platz für die Ausrüstung der Soldaten bieten, liegt es nahe anzunehmen, daß in den Aussparungen im Dollbord ursprünglich Hölzer gesteckt haben, an die die Schilde gehängt wurden. Wie Darstellungen auf Soldatengrabsteinen von Angehörigen der Misenischen Flotte mit ihrer Ausrüstung zeigen, reichte der Schild vom Boden bis zur Hand des herabhängenden Arms, was auf einen Durchmesser des im 4. Jahrhundert üblichen Rundschildes von ca. 70 cm schließen läßt. Schilde dieser Größe behindern dank des asymmetrischen Sitzes der Hölzer nicht beim Rudern. Gleichzeitig bieten sie den Körpern der sehr hoch und ungedeckt sitzenden Ruderer einen gewissen Schutz. Aus den Illustrationen der Notitia Dignitatum, eines spätantiken Verwaltungshandbuchs, geht hervor, daß die mit Leder eingefaßten Holzschilde außen bemalt waren. Dabei hatte jede Einheit ihre eigene Farbe und Verzierung.

DIE ANTRIEBSRUDER (RIEMEN)

Originale Riemen aus römischer Zeit haben sich nicht erhalten. Deshalb mußte man für die Antriebsruder des Nachbaus auf römische Darstellungen zurückgreifen. Gut zu erkennen sind die Riemen auf der Trajanssäule und auf einem Relief aus Rom (Abb. 14). Sie zeichnen sich alle durch lange, sehr schmale Blätter aus. Dies gilt bei den abgebildeten Zweiruderern (Biremen) sowohl für die obere wie für die untere Ruderreihe. Die Griechen setzten dagegen für jede Ruderreihe Riemen mit unterschiedlichen Blattformen ein; je steiler das Ruder ins Wasser eintauchte, desto kürzer und breiter war das Blatt. Bei den Römern lassen sich solche Riemen mit breiten Blättern nur am Trierer Weinschiff belegen. Dort al-

13

Abb. 13 Schiff mit gerefftem Segel auf der Trajanssäule in Rom.

lerdings wird das Schiff in Stoßrudertechnik fortbewegt, eine Ruderart, bei der die Riemen extrem steil im Wasser stehen.

DIE SEGELBEDIENUNG

Bei den meisten antiken Darstellungen, die solche Details zeigen, laufen alle Taue für die Segelbedienung, also Brassen, Schoten und Gordings, im Heck der Schiffe zusammen (Abb. 15). Dies war auch bei den Mainzer Schiffen der Fall. Im Duchtweger von Schiff 1, der Innenplanke, in die die Ruderbänke eingelassen sind (vgl. unten S. 32 f.), gibt es eine Duchtaussparung so nahe am Ruderbalken der Steue-

Abb. 14   Bireme mit Kampfdeck und Schanzkleid auf einem Fries in Rom.

rungsanlage, daß an dieser Stelle ein Rudern unmöglich gewesen ist. Die beiden Männer, die hier gesessen haben, müssen eine andere Aufgabe wahrgenommen haben. Welche Funktion sie hatten, verrät eine weitere, fast quadratische Aussparung im Duchtweger zwischen Sitzbank und Ruderbalken. In ihm lag ein Balken, an dem die Gordings festgemacht werden konnten. Brassen und Schoten sind an dickeren Pflöcken (Pollern) auf dem Dollbord belegt. Die unmittelbare Nähe des Bedienungspersonals zum Steuermann gewährleistete eine rasche und korrekte Ausführung seiner Kommandos.

DIE STEUERUNGSANLAGE

Alle Mainzer Schiffe besitzen im Heck einen quer durchs Schiff laufenden, nach außen überstehenden Balken. Der Balken selbst hat sich nur bei den Schiffen 1 und 2 erhalten, bei den übrigen weisen aber Aussparungen in der Bordwand bzw. den Spanten auf ihn hin. Wie antike Schiffsdarstellungen zeigen, lagen die beiden großen seitlichen Steuerruder immer am Heck. Der Balken der Mainzer Schiffe muß daher mit der Steuerung in Verbindung gebracht werden. Die starke Abstützung des Ruderbalkens nach hinten spricht dafür, daß die Steuerruder vor dem Balken lagen und dieser ihren Druck abfing. Unklar ist jedoch, wie die Steuerruder am Ruderbalken befestigt waren.
Alle antiken Darstellungen zeigen eine starre Befestigung; sie ist also auch für die Mainzer Schiffe zu fordern. Andererseits gibt es keine Abbildung von einer Konstruktion der Steuerungsanlage, wie sie durch den Befund der Mainzer Originalschiffe belegt ist. Daher muß die Frage nach der Befestigung der beiden Steuerruder unbeantwortet bleiben.

15

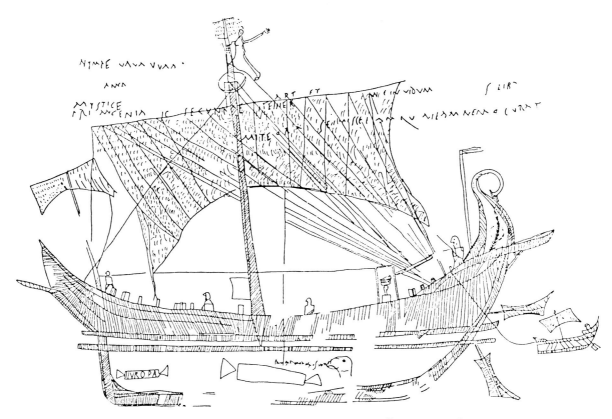

Abb. 15   Tauführung auf dem Schiff »Europa«. – Graffito aus Pompeji.

Für die Form der Steuerruder wurde das Ruder auf dem Relief aus Portus in der Sammlung Torlonia (Abb. 11) zugrunde gelegt, da es zeitlich den Mainzer Schiffen am nächsten kommt. Zur Rekonstruktion der Größe mußten jedoch solche Darstellungen herangezogen werden, die ein Steuerruder komplett bis zur Blattunterkante zeigen. Dabei stellte sich heraus, daß das Verhältnis von Blattbreite zu Blattlänge zwischen 1:3 und 1:4 variiert. Der sichtbare Teil des »Torlonia-Ruders« läßt auf ein Verhältnis von 1:4 schließen; deshalb weist auch das rekonstruierte Steuerruder am Nachbau dieses Größenverhältnis auf. Bei der Umsetzung des Größenverhältnisses in konkrete Maße half die Beobachtung an den Flußkriegsschiffen der Trajanssäule weiter, daß das Blatt im Mittel 1,3 mal so breit wie der unterhalb der Scheuerleiste liegende Freibord, also der aus dem Wasser ragende Teil der Bordwand, hoch ist, was zu einer Blattbreite von 30 cm führt. Zur Handhabung der Steuerruder und der Konstruktion des Ruderbalkens vgl. unten S. 34 f.

DAS HECK

Antike Kriegsschiffe besaßen von alters her eine oberhalb der Bordwand nach vorn schwingende Verlängerung des Achterstevens. Wie auf einem Relief im Palazzo Spada gut zu sehen ist, endete sie in mehreren fächerförmig angeordneten Zierhölzern (Abb. 16). Diese Art der Gestaltung, die dem Heck ein fischschwanzartiges Aussehen verlieh, geht bis auf die griechischen Kriegsschiffe des 5. Jahrhunderts v. Chr. zurück. In späterer Zeit verzichtete man auf eine solch aufwendige Heckzier und vereinfachte sie.

Abb. 16 Heckpartie eines Kriegsschiffes auf einem Relief in Rom, Palazzo Spada.

Die Kriegsschiffe auf Ziegeln der 22. Legion in Mainz zeigen z.B. nur eine Verdickung als Abschluß. Wie die Heckzier der Mainzer Schiffe tatsächlich aussah, ist unbekannt, weil sie sich nicht erhalten hat. Daß aber auch diese Schiffe ein Zierholz in Verlängerung des Achterstevens besaßen, belegt eine Ausklinkung am Achterstevenende von Schiff 3 (vgl.unten S. 28).

NACHBAU 2

Der in Arbeit befindliche Nachbau 2 geht auf das Schiff 3 aus Mainz zurück und stellt den zweiten Typ spätantiker Kriegsschiffe dar. Er ist höher als der erste Typ; die Länge beträgt nur 17,5 m, die Breite 3,7 m. Der Nachbau 2 verkörpert also ein gedrungeneres Schiff als der Nachbau 1. Dieses Schiff konnte ebenfalls sowohl gerudert als auch gesegelt werden. Während die Heckpartie wie beim ersten Typ sehr schmal ausgebildet ist, wird das Schiff im deutlich abgesetzten Mittelteil auffallend breit. Hier befand sich wohl eine Plattform, auf der Pfeilgeschütze standen. Deshalb dürfte dieses von maximal 18 Ruderern – 9 auf jeder Seite – angetriebene Schiff ein Patrouillenschiff darstellen, das im 4. Jahrhundert zur Überwachung der Rheingrenze eingesetzt war. Mit Hilfe der schnell schießenden Pfeilgeschütze

konnten Ansammlungen feindlicher Krieger, die den Strom überqueren wollten, mit gutem Erfolg zerstreut und aufgerieben werden. Der Nachbau 2 steht in einem Baugerüst, an dem Spantschablonen (Mallen) hängen, denn auch das originale Schiff 3 ist wie alle Mainzer Schiffe in Mallenbautechnik gebaut worden. Dabei plankte man den Rumpf zunächst an den Mallen vollständig auf, bevor man die endgültigen Spanten in das Schiff einpaßte (vgl. dazu unten S. 26 ff.).

ORIGINALSCHIFF 2

ERHALTUNG UND LAGE

Das Schiff 2 lag mit seiner linken Seite auf dem Boden der Uferzone. Erhalten haben sich nur die Partien, die auf diese Weise von Flußsedimenten überdeckt wurden (Abb. 18-19). Dazu gehören neben der linken Bordwand Teile des Kiels und des Achterstevens. Die im Wasser liegende rechte Schiffshälfte und das Heck sind dagegen vergangen. Da das Schiff in seiner Fundlage gezeigt wird – man blickt also in das Schiffsinnere –, befinden sich Kiel und Achtersteven nicht an der tiefsten Stelle, sondern bilden heute die hintere Kante. Von diesem Wrack hat allerdings mehr die Zeiten überstanden, als hier zu sehen ist: Nur der hintere Teil, der schräg in die Baugrube ragte, konnte geborgen werden, der vordere Teil steckt noch im Boden unter der Löhrstraße. Dieses nicht gehobene Stück ist hier durch die dunklere Farbe kenntlich gemacht.

REKONSTRUKTION DER STEUERUNGSANLAGE

Das Schiff 2 weist die am besten erhaltene Steuerungsanlage aller Mainzer Römerschiffe auf. Sie saß, wie bei römischen Schiffen üblich, im Heck, d. h. im hinteren Schiffsteil. Anders als bei Schiff 4 steckt bei Schiff 2 der quer durch das Schiff verlaufende Balken, an dem die Steuerruder lagen, noch in der Bordwand. Auf der Außenseite – hier, bedingt durch die Lage, unterhalb des Rumpfes – war zu seiner Abstützung ein dickes rundliches Holz eingezapft, das an seinem Ende mit einem Spant vernagelt ist. In einem zweiten, weiter nach außen sitzenden Zapfloch saß ehemals eine zweite, mit dem Ende der ersten verbundene Stütze. Im Schiffsinneren, hier oben, erhielt der Lagerbalken durch ein Spant eine zusätzliche Stütze, da er nicht nur durch die Planken, sondern auch durch eine Aussparung im Spant geführt wurde (vgl. unten S. 34 f).

EINZELHEITEN DER KONSTRUKTION

Wie bei allen Mainzer Schiffen wurden auch bei Schiff 2 die stumpf aufeinander gesetzten, 2-2,5 cm dicken Planken durch ihre Verbindung mit den Spanten zusammengehalten. Der vom Kiel aus gezählte dritte und fünfte Plankengang verjüngen sich zum Heck hin. Es sind sog. Totgänge, also Planken, die das Schiffsende nicht erreichen, sondern vorher enden. Sie werden eingesetzt, um die zur Schiffsmitte hin benötigten größeren Plankenbreiten auszugleichen (vgl. unten S. 27). Das Schiff 2 besitzt als einziges der Mainzer Römerschiffe in der Regel Halbspanten. Sie reichen von einer Bordkante über den Schiffsboden hinweg bis zum Ansatz der gegenüberliegenden Bordwand (Kimmung). Hier sind aufgrund des Erhaltungszustandes nur die Backbordhalbspanten bis zum Kiel zu sehen sowie daneben die unteren Enden der Steuerbordhalbspanten. Dabei sitzen die Backbordhalbspanten immer hinter den Steuerbordhalbspanten. Die Spanten im Heck des Schiffes sind dreigeteilt. Sie bestehen aus zwei senkrechten Auflangern an jeder Bordwand und einem Mittelstück, der Wrange. Die drei Teile sind nicht miteinander verbunden, sondern nebeneinander gesetzt (vgl. unten S. 32). Bei den letzten Spanten ab Spant 19 wurden nur noch Auflanger verwendet.

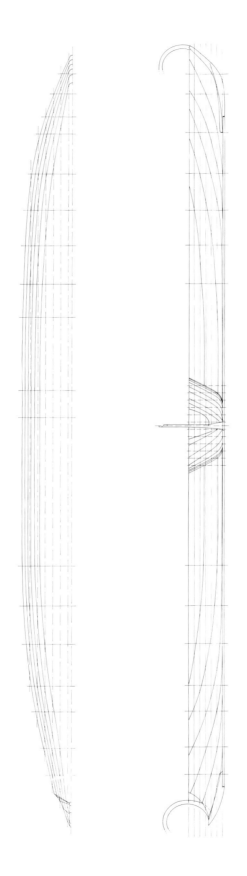

Abb. 17 Die Konstruktionspläne des Nachbaus 1. – Oben Wasserlinienriß. – Unten Seitenriß mit eingefügtem Spantriß. – Nach O. Höckmann u. R. Bockius. – M = 1:100.

19

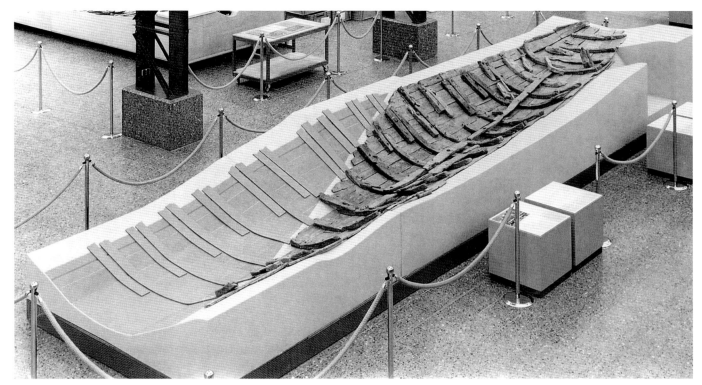

Abb. 18   Das restaurierte Wrack 2 aus Mainz.

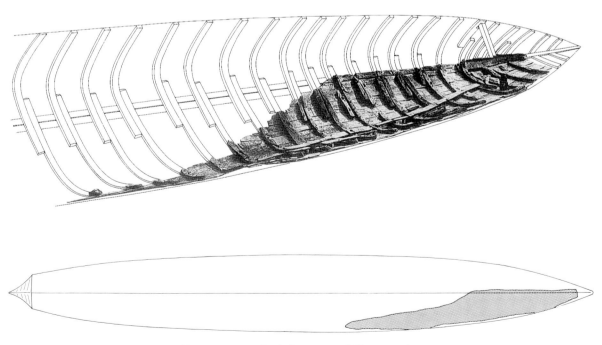

Abb. 19   Lage und Erhaltung von Schiff 2 aus Mainz.

Abb. 20 Das restaurierte Wrack 4 aus Mainz.

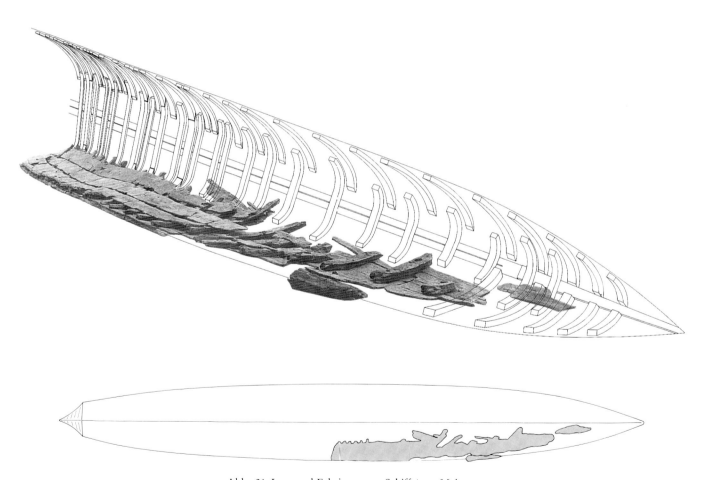

Abb. 21 Lage und Erhaltung von Schiff 4 aus Mainz.

21

Die Ruderhalterung und die Taubefestigungen

Von der Dollbordkonstruktion haben sich nur Teile der äußeren Scheuerleiste im Verband erhalten. Sie wurde angebracht, um die Bordwand des Schiffes vor Beschädigungen zu schützen. Bedingt durch die Seitenlage des Wracks sieht man die Scheuerleiste hier unterhalb der Bordwand. Die innere Verstärkung, der Dollbaum, fehlt heute. Eine lose im Schiff gefundene Ruderauflage läßt darauf schließen, daß das Schiff 2 wie das Schiff 4 separat gearbeitete Ruderauflagen mit Dollpflöcken besaß. Sie wurden in die Lücke zwischen der Bordwand, dem Dollbaum und zwei benachbarten Spanten gesteckt (vgl. unten S. 33 f.). Diese Art, die Ruderauflagen mit dem Schiffsrumpf zu verbinden, setzt einen genauen Bauplan voraus, bei dem ihre Positionen schon beim Setzen der Spanten berücksichtigt werden mußten. Auch die übrigen lose im Heck gefundenen Hölzer – ein senkrechtes Teil mit einem Knopf, ein rechtwinklig gebogenes Knaufholz sowie ein zweites abgewinkeltes Holz, dessen Knauf abgebrochen ist – sprechen für diese Dollbordkonstruktion und gegen einen durchgehenden Dollbord wie beim Schiff 1 (Abb. 29-30). Das senkrechte Knaufholz war offenbar an einem Spant angebracht gewesen und ragte mit seinem oberen Teil über den Dollbord hinaus. Das gleiche gilt wohl für die beiden Kniehölzer. Da sich alle drei Teile im Heckbereich von Schiff 2 gefunden haben, befestigte man an ihnen möglicherweise die Taue, mit denen man ein Segel reffen bzw. den Windverhältnissen anpassen kann. Das Schiff 2 besaß demnach andere Vorrichtungen zur Taubefestigung als Schiff 1, bei dem wegen des durchgehenden Dollbords solche Hölzer an der Bordkante nicht angebracht werden konnten. Dort gab es statt dessen vor dem Ruderbalken einen quer durch den Rumpf verlaufenden Balken für die Taue.

Der Innenausbau

Auch von der Innenbeplankung haben sich nur wenige Reste erhalten. Deutlich wird aber der Unterschied zu Schiff 4. Bei Schiff 2 gibt es nur schmale Innenplanken (Stringer), die nicht das ganze Schiff auskleiden. Die oberste Innenplanke mit den Aussparungen für die Ruderbänke (Sitzduchten) fehlt; erhalten haben sich nur die beiden Stringer für die Fußstützenkonstruktion. Ohne den eindeutigen Befund von Schiff 1 (vgl. unten S. 32 f.) wäre die Funktion der Innenplanken von Schiff 2 nicht recht verständlich. So wissen wir jedoch, daß auf den beiden Stringern Querbalken auflagen. An ihnen hatte man Stemmbretter befestigt, damit sich die Ruderer abstützen konnten.

ORIGINALSCHIFF 4

Erhaltung und Lage

Das Schiff 4 lag mit seiner linken Seite auf dem Boden der Uferzone. Dabei ragte der vordere Teil höher ins Wasser und wurde nicht wie der hintere von Schlamm überdeckt. Doch nur die von Flußsedimenten geschützten Teile haben sich erhalten (Abb. 20-21); der Bug, der Schiffsboden mit dem Kiel und die gesamte rechte Schiffshälfte sind dagegen vergangen. Das erhaltene Wrack wird in seiner Fundlage gezeigt, d. h., es liegt auf seiner Außenseite, der Betrachter sieht in das Schiff hinein.

Rekonstruktion der Steuerungsanlage

Daß es sich bei dem erhaltenen Teil um die linke, also die Backbordwand handelt, erkennt man an dem dicken rundlichen Holz, das etwas tiefer als die eigentliche Bordwand gefunden wurde und zur Steuerungsanlage des Schiffes gehört. Die Steuerungsanlage belegt zugleich, daß sich nur der hintere Schiffs-

teil erhalten hat. Das Bauteil selbst stützte außen den quer durchs Schiff laufenden Ruderbalken, an dem die beiden seitlichen äußeren Steuerruder auflagen. Der Balken selbst hat sich bei Schiff 4 jedoch nicht erhalten. Lediglich die Aussparung für ihn in der Planke ist noch links vom Stützholz zu erkennen. Zur Steuerungsanlage der Mainzer Schiffe siehe unten S. 34 f.

EINZELHEITEN DER KONSTRUKTION

Die Planken bestehen aus 2-2,5 cm dicken gesägten Eichenbrettern, die stumpf aufeinander gesetzt sind (kraweel beplankt). Sie wurden allein durch ihre Verbindung mit den Spanten in ihrer Position gehalten. Planken und Spanten sind mit Eisennägeln miteinander verbunden, deren Spitzen in das Spant zurückgeschlagen wurden. Der Verband zwischen Planken und Spant war an diesen Stellen so fest, daß die Nägel bei der Demontage zur Konservierung teilweise herausgebohrt wurden. Die dritte und fünfte Planke von der Bordkante aus verjüngen sich nach hinten. Sie sind sog. Totgänge, d. h. Planken, die nicht bis zum Steven reichen, sondern eingesetzt wurden, um den Bedarf an breiteren Planken in der Schiffsmitte auszugleichen (vgl. unten S. 27). Die breiten Innenplanken, die auf den Spanten liegen, verdecken diese zum größten Teil. Während der Demontage des Schiffes waren die Spanten jedoch ohne Wegerung gut zu erkennen. Sie bestanden in der Mehrzahl aus drei nebeneinander angebrachten Teilen: einem senkrechten Stück (Auflanger), das von der Bordkante bis zum Übergang von der Bordwand in den Schiffsboden (Kimmung) reichte, einem Mittelstück, der Wrange, die von Kimmung zu Kimmung den Schiffsboden überspannte, und einem zweiten Auflanger an der gegenüberliegenden Bordwand (vgl. unten S. 32). Bei Schiff 4 haben sich natürlich nur die Backbordauflanger und der linke Teil der Wrangen erhalten. In den meisten Fällen liegt der Auflanger vom Bug aus betrachtet hinter der Wrange, doch ist dieser Rhythmus nicht durchgehend beibehalten worden: Beim 2., 6., 9. und 14. Spant liegen die Auflanger vor der Wrange. Außerdem waren das 4., 11., 13. und 15. Spant durchgehende Spanten, d. h., ihre ehemals drei Teile waren zu einem durchlaufenden Spant zusammengeschäftet (vgl. unten S. 28). Im hinteren Schiffsteil läßt sich über den Spantrhythmus nichts sagen, da der Erhaltungszustand hier zu schlecht ist.

DIE RUDERHALTERUNG

Bei Schiff 4 läßt sich der Dollbord, also die Bordkante, gut erkennen: Außen, also hier unten, ist die oberste Planke durch eine Scheuerleiste vor Beschädigungen geschützt, wenn das Schiff z. B. an einem Kai festmachte. Ihr entspricht im Innern eine mit den Spanten vernagelte dicke Leiste, der Dollbaum. In die Zwischenräume zwischen zwei benachbarten Spanten, der Bordwand und dem Dollbaum waren separat gearbeitete Ruderauflagen mit dem Dollpflock gesteckt, an dem die Antriebsruder (Riemen) befestigt waren (vgl. unten S. 33 f).
Eine solche Dollbordkonstruktion setzt anders als beim Schiff 1 mit seinem durchgehend aufliegenden Dollbord einen von vornherein exakt durchdachten Bauplan voraus, in dem die Positionen der Ruderer von Anfang berücksichtigt waren, damit dort, wo später die Ruderauflage eingesteckt werden sollte, kein Spant durchlief.

DER INNENAUSBAU

Das Schiff 4 zeichnet sich durch sehr breite Innenplanken (Weger) aus, die das Schiff weitgehend auskleiden. Im obersten Weger, unmittelbar unter dem Dollbaum, fallen schmale längliche Einschnitte auf (Abb. 22, 1); in ihnen lagen die heute nicht mehr erhaltenen Sitzbänke für die Ruderer (Sitzduchten) auf. Die Abstände dieser Aussparungen sind recht regelmäßig: Die Ruderer saßen ca. 90 cm voneinander entfernt in einer Reihe hintereinander. Die in dem darunter angebrachten Weger erkennbaren kleinen, fast quadratischen Aussparungen (Abb. 22, 2) stehen in einem engen Bezug zu den Duchtausschnitten des oberen Wegers. Sie finden sich schräg unterhalb der nach hinten folgenden Ducht. Hier war ein

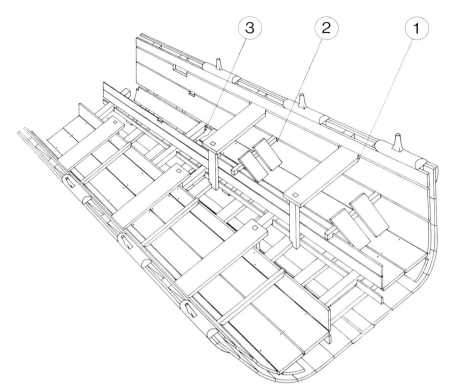

Abb. 22   Die Inneneinbauten von Schiff 4 aus Mainz.

Querbalken für die Fußstütze der Ruderer eingelassen. Anders als bei den Schiffen 1 und 2 wurden diese Stemmbretter für die Füße also nicht von zwei, sondern nur von einem Querbalken gehalten. Auch in der untersten Wegerplanke sind kleinere Ausschnitte (Abb. 22, 3) zu beobachten. Sie stehen jedoch in keinem Bezug zu den Duchten oder den Aussparungen für die Fußstütze. Hier lagen Querbalken auf, die durch den Schiffsrumpf von Bordwand zu Bordwand verliefen, und auf denen parallel zum Kiel Bodenbretter, sog. Laufplanken, auflagen.

ORIGINALSCHIFF 1

Die mit Kunstharz konservierten und in der Mikrowelle getrockneten Teile von Wrack 1 werden zur Zeit wieder zusammengesetzt. Es handelt sich um die am besten erhaltene Heckpartie der Schiffe vom Typ des langen schlanken Ruderschiffs. Deshalb bildete Schiff 1 auch in weiten Bereichen die Grundlage für den Nachbau 1. Besonders wichtige Erkenntnisse lieferten die Aussparungen der Innenplanken und die nur hier erhaltenen Innenstützen der Ruderbänke mit ihren Längsversteifungen. Mit ihrer Hilfe konnten Sitzduchten und Fußstützen für die Ruderer rekonstruiert werden (vgl. dazu unten S. 32 f.). Ausschnitte in der obersten Innenplanke führten dazu, den Platz der Segelbedienung festzulegen. Außerdem besitzt Schiff 1 eine andere Dollbordkonstruktion als die Wracks 2 und 4. Hier sind die Ruderauflagen in ein auf der Bordkante angebrachtes Brett (Schandeckel) eingearbeitet (vgl. dazu unten S. 33 und Abb. 29).

DIE RHEINGRENZE IM 4. JAHRHUNDERT

In den Jahren nach 260 n. Chr. war der römische Limes rechts des Rheines unter dem Druck der Germanen endgültig zusammengebrochen, und verheerende Einfälle hatten das Reichsgebiet weit nach Westen tief erschüttert. Erst in den Jahrzehnten um 300 gelang es dann den Kaisern Diocletianus und Constantinus, den Rhein zu einer neuen sicheren Grenze auszubauen. Es waren dazu umfassende Reformen der römischen Armee nötig. An die Stelle großer Truppenverbände, der Legionen und Flotten, traten nun kleinere Einheiten, die teils durch Aufgliederung der alten Truppenkörper, teils durch Neurekrutierungen gebildet wurden. Zugleich wurden die zentralen Militärstandorte nun durch eine Vielzahl kleiner Garnisonen ersetzt, die die Stromlinie sicherten. Über die detaillierte Gliederung der Truppen am Rhein im 4. Jahrhundert besitzen wir keine zusammenhängende Überlieferung. In Analogie zu anderen Grenzregionen des Reiches darf man jedoch annehmen, daß auch entlang der Rheingrenze in wechselnder Folge Fußtruppen, Reiterverbände und Flotteneinheiten stationiert gewesen sind.

Für das Vorhandensein von Flottenverbänden in der Verteidigungslinie am Strom sprechen vor allem befestigte Stützpunkte auf dem rechten Ufer, die besonders in der zweiten Hälfte des 4. Jahrhunderts ausgebaut wurden. Teils handelt es sich dabei um massive Dauerstützpunkte wie in Köln-Deutz, Mainz-Kastel oder Breisach, teils um Brückenköpfe wie z. B. Engers und Nieder-Lahnstein, Ladenburg (Farbtafel 4, 1) und Mannheim (Farbtafel 4, 2) oder Turmstützpunkte am Hochrhein (Farbtafel 4, 3). Für die Versorgung dieser Anlagen waren Schiffseinheiten unbedingt nötig. Besonders deutlich wird dies bei den ufernahen Schiffsländen, die, rundum befestigt, zum Fluß hin eine Einfahrt aufwiesen. Es ist dies der militärische Rahmen, in den die römischen Schiffsfunde aus Mainz eingeordnet werden müssen. Die verschiedenen Schiffstypen zeigen beispielhaft, auf welche Weise Flotteneinheiten in der Grenzsicherung tätig waren. Während die schnittigen Schiffe mit einer Besatzung von 35 Soldaten vor allem zur Versorgung der rechtsrheinischen Stützpunkte gedient haben werden, wurden breitere Schiffe, mit Pfeilgeschützen bestückt, im Patrouillendienst zur Verhinderung von Flußüberquerungen germanischer Angreifer eingesetzt.

Leuchtbilder: Karte der spätantiken Befestigungen am Rhein – Rekonstruktion der spätantiken Brückenköpfe Mannheim-Neckarau, Sponeck und Ladenburg

DIE KATASTROPHE AN DER RHEINGRENZE 406/407

Hatte die römische Grenzsicherung am Rhein sich bis in die Jahre um 400 n. Chr. bewährt, so erlebte sie zu Ende des Jahres 406 einen verheerenden Untergang. Ausgelöst wurde er durch Germanenstämme aus dem mittleren Donauraum, die seit dem ausgehenden 4. Jahrhundert unter dem Druck der Hunnen, einem Reitervolk aus Innerasien, sich nach Westen zu auf die Suche nach neuem Siedlungsland begeben hatten. Zu Silvester des Jahres 406 überschritten sie bei Mainz den Rhein, zerstörten die Stadt und zogen weiter nach Gallien. Diese vernichtende Niederlage der römischen Grenztruppen löste 407 große Einbrüche der Alamannen in die Landschaften westlich des Oberrheins und südlich des Hochrheins aus (Farbtafel 5). Danach wurden die Städte von Worms bis Straßburg und das Gebiet der Nordschweiz zerstört. Zur gleichen Zeit drangen Franken aus den Gegenden rechts des Niederrheins durch das Eifelland bis zur Mosel vor, auch hier die Landschaften und Städte verwüstend. Im Zuge dieser Katastrophe sind wohl auch die römischen Schiffe aus Mainz untergegangen. Mit der Vernichtung der Grenzverteidigung gab es keine Truppen mehr, die die Fahrzeuge weiter unterhalten konnten. Die Demontage vieler brauchbarer Bauteile deutet darauf, daß sich niemand mehr um die Schiffe gekümmert hat. Als

es nach über einem Jahrzehnt in den Jahren um 420 den Römern wieder gelang, die Rheingrenze militärisch zu besetzen, scheinen sie aber keine Flotteneinheiten mehr aufgebaut zu haben. Unter den für das Gebiet zwischen Andernach und Seltz im Elsaß überlieferten Truppenteilen finden sich keine Flotteneinheiten mehr.

Leuchtbild: Die Vernichtung der Rheingrenze durch Germanenstämme 406/7

SCHIFFSBAUTECHNIK

Wie alle Fachleute verfügen auch Seeleute und Bootsbauer über eine eigene Fachsprache, die es erlaubt, Dinge präzise anzusprechen. Die Orientierung auf einem Schiff wird stets mit Blick in Fahrtrichtung festgelegt (Abb. 23). Der vordere Teil eines Schiffs heißt Vorschiff, der hintere Achterschiff, der mittlere, bei dem die Bordwände parallel zueinander verlaufen, Mittschiff. Die linke Seite nennt der Seemann Backbord, die rechte Steuerbord. Die Spitze eines Schiffs wird als Bug bezeichnet, das hintere Ende als Heck. Ein Schiffsrumpf besteht im wesentlichen aus drei Bauelementen. Das Rückgrat eines Schiffes bildet der Kiel, der am Bug in den Vordersteven und am Heck in den Achtersteven übergeht. Die Spanten gleichen den Rippen eines Skeletts; sie geben dem Schiff die Form und steifen es aus. Außerdem werden an ihnen die Planken befestigt: dünne, lange Bretter, die das Schiffsgerippe wie eine Haut außen verkleiden. Die Nachbauten der Mainzer Römerschiffe basieren auf einer genauen Untersuchung aller noch vorhandenen Bauteile der Originalwracks. Die dabei gewonnenen Erkenntnisse lassen aber auch Rückschlüsse auf solche Teile zu, die sich nicht mehr erhalten haben.

DER BAUPLAN

Den spätantiken Schiffen aus Mainz lag ein genauer Bauplan zugrunde. Er zeigt sich noch heute in den Anrißlinien, die der römische Bootsbauer auf dem Kiel eingeritzt hat, um die spätere Position der Spanten bei Baubeginn festzusetzen. Der Sitz des Mastspants wurde mit einer zusätzlichen Diagonalen besonders markiert.
Die Abstände der Spantanrisse liegen bei Schiff 1 zwischen 32 und 33 cm. Das im gallisch-germanischen Raum übliche römische Längenmaß war der 33,1 cm lange »Pes Drusianus«. In der Werft, in der die Mainzer Römerschiffe gebaut wurden, griff man also auf ein in der Region gebräuchliches Längenmaß zurück.

DIE MALLENBAUWEISE

Heute baut man Schiffe so, daß zunächst die Spanten auf dem Kiel angebracht werden und erst dann das Schiff beplankt wird (Skelettbauweise). Die antiken Bootsbauer im Mittelmeerraum fügten zunächst die Planken mit Nut und Feder zur Außenhaut zusammen und paßten anschließend die Span-

Farbtafel 1 Der Nachbau 1.
Farbtafel 2 Werftbetrieb vor den Toren einer spätantiken Stadt.
Farbtafel 3 Stapellauf antiker Kriegsschiffe.
Farbtafel 4 Ideelle Rekonstruktionen spätantiker Befestigungen rechts des Rheins.
1 Ladenburg. – 2 Mannheim-Neckarau. – 3 Sponeck.

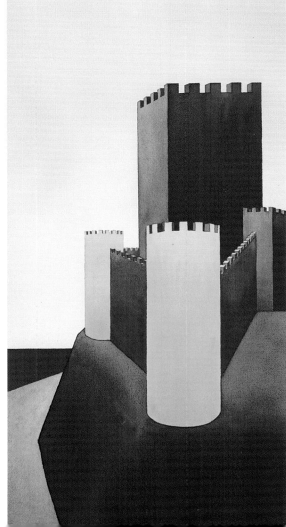

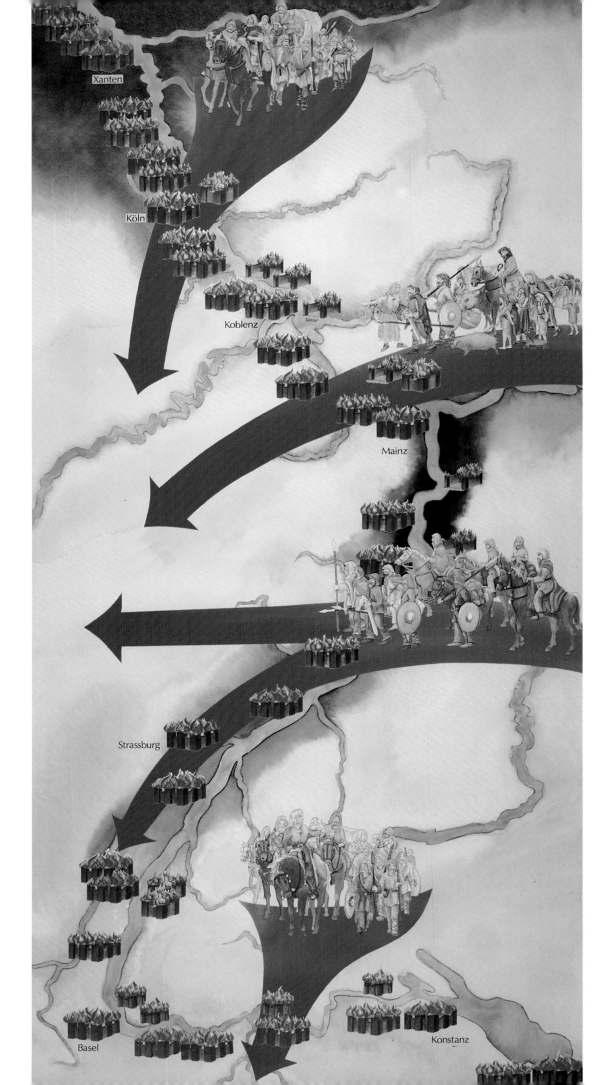

Xanten

Köln

Koblenz

Mainz

Strassburg

Basel

Konstanz

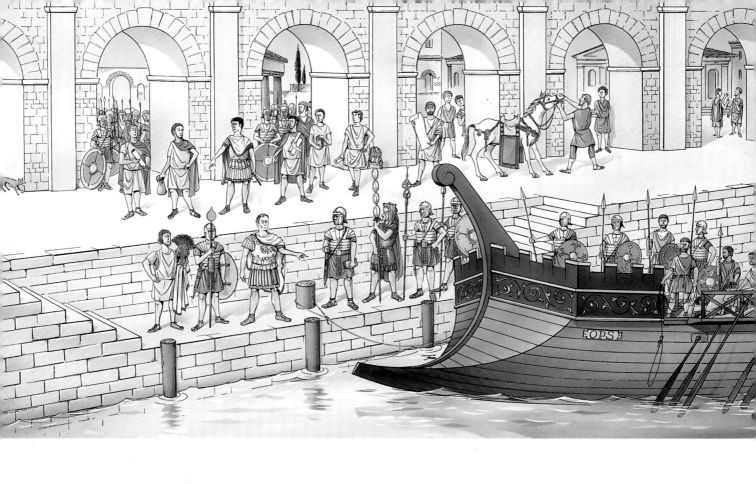

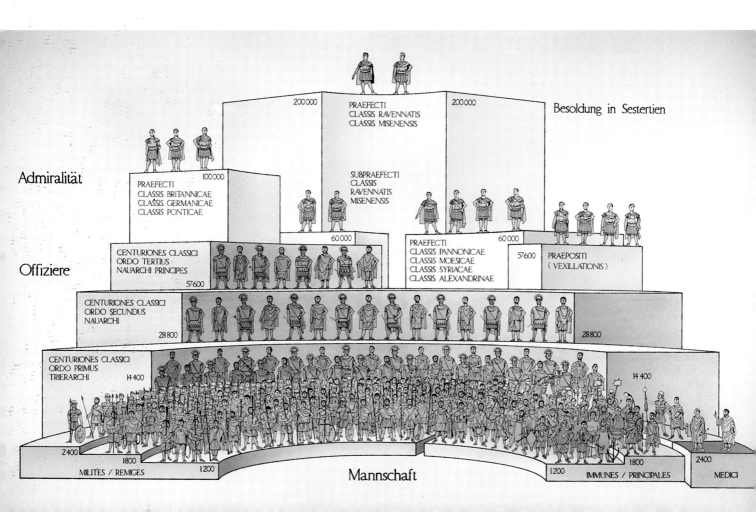

Besoldung in Sestertien

Admiralität

200 000	PRAEFECTI CLASSIS RAVENNATIS CLASSIS MISENENSIS	200 000
100 000	PRAEFECTI CLASSIS BRITANNICAE CLASSIS GERMANICAE CLASSIS PONTICAE	
	SUBPRAEFECTI CLASSIS RAVENNATIS MISENENSIS	
	60 000	

Offiziere

CENTURIONES CLASSICI ORDO TERTIUS NAUARCHI PRINCIPES 57 600

PRAEFECTI CLASSIS PANNONICAE CLASSIS MOESICAE CLASSIS SYRIACAE CLASSIS ALEXANDRINAE 60 000

57 600 PRAEPOSITI (VEXILLATIONIS)

CENTURIONES CLASSICI ORDO SECUNDUS NAUARCHI 28 800   28 800

CENTURIONES CLASSICI ORDO PRIMUS TRIERARCHI 14 400   14 400

Mannschaft

2400   1800   1200   1200   1800   2400

MILITES / REMIGES   IMMUNES / PRINCIPALES   MEDICI

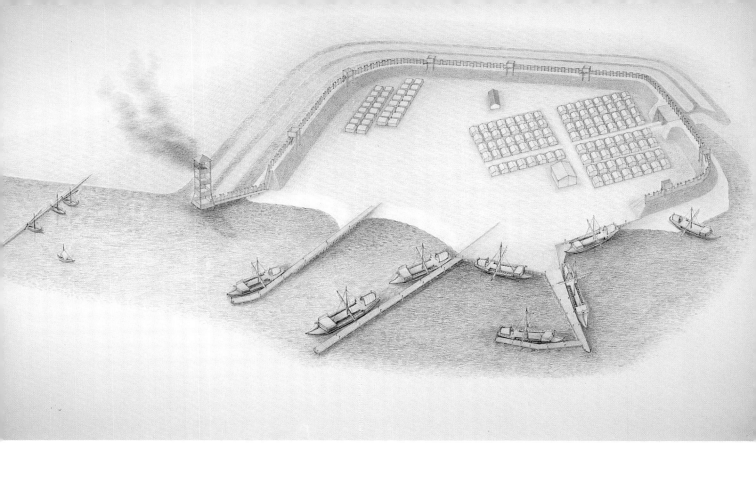

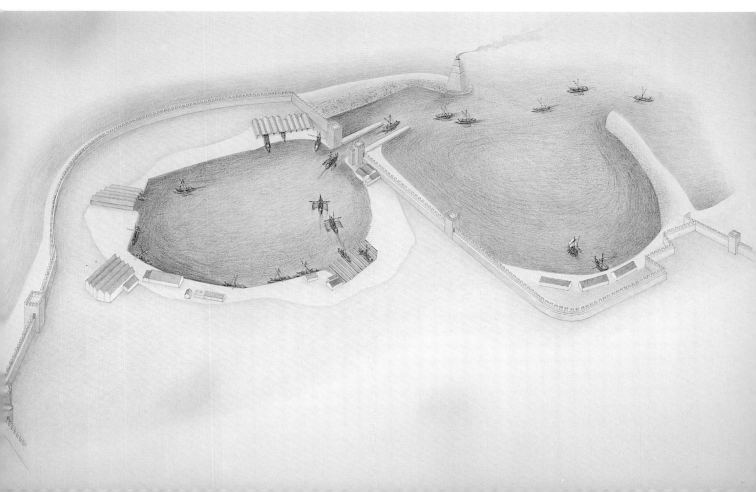

ten in den Schiffsrumpf ein (Schalenbauweise). Für die Mainzer Schiffe wählte man eine dritte Bauart: die Mallenbauweise (Abb. 24-25). Hierbei wurde die Rumpfform durch hölzerne Spantschablonen – die Mallen – vorgegeben. Daran fixierte man die Planken mit Holznägeln (Abb. 25, 1), ohne sie durch Nut und Feder miteinander zu verbinden. Nachdem so die Rumpfschale hergestellt war, brachte man neben den Mallen die Spanten an (Abb. 25, 2). Anschließend wurden die Mallen entfernt, wobei sich die Nagelschäfte beim Absägen als »Dübel« in den Planken erhalten haben (Abb. 25, 3). Mit Hilfe der Mallenbauweise konnten baugleiche Schiffe in Serie produziert werden, indem man die freigewordenen Mallen für den Bau des nächsten Schiffes benutzte, während im ersten Schiff mit dem Innenausbau begonnen wurde.

DIE SCHÄFTUNGEN

Auch in der Antike gab es kein Holz, das lang genug für eine vom Bug bis zum Heck durchgehende Planke war; deshalb mußten die Planken aus mehreren Teilen zusammengesetzt – geschäftet – werden. Bei der einfachsten Schäftungsart stoßen zwei Plankenteile stumpf aneinander. Aufwendiger ist die Z-Schäftung, bei der die Stoßfuge über eine längere Strecke diagonal verläuft, bevor sie an den Enden rechtwinklig oder schräg abgewinkelt wird. Um die Schäftung zu halten, müssen die Schäftungsenden immer auf einem Spant sitzen, auf dem sie vernagelt werden können.

DER TOTGANG

Da ein Schiff in der Mitte breiter ist als vorn und hinten, wird in der Schiffsmitte mehr Plankenholz benötigt als im Bug- und Heckbereich. Ginge man bei der Beplankung von der breitesten Stelle eines Schiffes aus, müßte man auf extrem breite Planken zurückgreifen, bei denen außerdem durch die Verjüngung an den Schiffsenden der Verschnitt sehr groß wäre. Wirtschaftlicher ist das umgekehrte Verfahren, das bereits die antiken Bootsbauer angewandt haben: In der Schiffsmitte brachten sie einen zusätzlichen Plankengang an, den Totgang. Er endet dort, wo sich die Planken, die den Totgang einschließen, zu den Schiffsenden hin wieder berühren. Während die Totgänge im unteren Schiffsteil immer in den oberen Plankengang eingesetzt sind, wurden die Totgänge an der Bordkante in den darunterliegenden Plankengang eingelassen. Die Plankengänge, die die Totgänge umfassen, heißen Schergang.

DER BUG

Römische Kriegsschiffe haben meist einen oberhalb der Schwimmwasserlinie konkav zurückschwingenden Bug. Deshalb läuft der Vordersteven nicht konvex bis zur Bordkante durch, sondern endet dort, wo er aus dem Wasser stößt. Der Vordersteven ist auf dem Kiel aufgelascht und mit ihm durch dicke Eisennägel verbunden. Er besteht aus einem natürlich gewachsenen Krummholz. Auf diesem kurzen Stevenstück stand die eigentliche Bugkonstruktion. Sie ist im Original nicht erhalten geblieben, so daß sich die Rekonstruktion vor allem auf antike Darstellungen stützt. Auf ihnen erkennt man, daß bei einem konkav zurückschwingenden Bug die beiden Bugwände in einem stumpfen Winkel zueinanderstehen, um beim Eintauchen der Stevenspitze die Bremswirkung des Wassers so gering wie möglich zu halten. Dieses Prinzip ist auch bei den Nachbauten der Mainzer Römerschiffe beibehalten worden. Der sepa-

rat gearbeitete Bug besteht aus zwei Seitensteven, die innen bis zur Bordkante reichen, und einem konkav geschwungenen Mittelsteven, dessen Zierteil über die Bordkante hinaus nach vorne schwingt. Zur Versteifung sind die beiden Seitensteven zusätzlich durch ein Querholz verbunden. Die Öffnungen zwischen Seiten- und Mittelsteven sind mit schmalen Planken geschlossen. Obwohl diese Bugkonstruktion bereits durch die Bordwände des Schiffs in ihrer Position gehalten wird, haben die antiken Bootsbauer den Mittelsteven zusätzlich mit einem Nagel auf dem Vordersteven fixiert. Der Rest dieses Nagels hat sich im Originalsteven von Schiff 5 noch erhalten.

DAS HECK

Der Kiel der Mainzer Römerschiffe ist nur etwas dicker als die Planken, so daß alle diese Schiffe einen flachen Boden haben. In der Mitte des Kiels verläuft die Bilgerinne, in der sich das Wasser sammelte, das in das Schiff eingedrungen war. Am hinteren Ende der Kielplanke war der Achtersteven mit mehreren Eisenbolzen befestigt. Der Achtersteven verlängert den Kiel nach oben bis kurz oberhalb der Bordkante. An ihm laufen die Planken der Bordwände zusammen. Da deshalb große Kräfte auf den Achtersteven einwirken, besteht er aus einem durchgehenden Krummholz. Die antiken Bootsbauer haben also gezielt nach einem entsprechend krumm gewachsenen Baum gesucht, aus dem sie den Achtersteven heraussägen konnten. Oberhalb der Bordkante setzte sich der Achtersteven in einem nach vorn geschwungenen Zierholz fort. Die Ausklinkung am Ende des Achterstevens, in die das Zierstück eingepaßt war, hat sich beim Schiff 3 erhalten.

DIE SPANTEN

Bei allen Mainzer Schiffen wurden Spanten und Planken durch Eisennägel miteinander verbunden. Man schlug sie von außen nach innen durch Planke und Spant, bog die Nagelschäfte innen parallel zum Spant um und schlug die Nagelspitze in das Spant zurück. Solche doppelt gekröpften Nägel konnten sich nicht zufällig lösen, sondern halten bis heute Planken und Spanten unlösbar zusammen. Diese Art der Planken-Spant-Verbindung nennt man »vernähen«.

Die zusammengebauten Spanten

An den Originalschiffen konnten mehrere Spantarten beobachtet werden. Die meisten Spanten von Schiff 3 verliefen in einer Ebene von einer Bordkante über den Schiffsboden hinweg bis zur gegenüberliegenden Bordkante. Die Festigkeit eines Spants hängt davon ab, ob seine Schnittkanten parallel zu den Holzfasern verlaufen. Dies war bei durchlaufenden Spanten nicht möglich, deshalb wurden sie meist aus drei Teilen zusammengebaut: den beiden senkrechten Auflangerteilen und dem mittleren Wrangenstück. Die Enden der drei Teile sind dort, wo sie zusammengeschäftet sind, abgeschrägt, so daß bei der Montage die Auflangerenden über die Wrangenenden geschoben werden konnten. An der Unterseite des Spants, dort, wo es auf dem Schiffsboden aufliegt, befinden sich Nute, die Nüstergatts, wobei das mittlere Nüstergatt über der Bilgerinne des Kiels liegt. Sie dienten dazu, eingedrungenes Wasser ungehindert an der tiefsten Stelle des Schiffs zu sammeln, um es dort leichter ausschöpfen zu können.

Die Halbspanten

Das Schiff 2 besaß Halbspanten. Bei dieser Spantart verläuft das Spant von der Bordkante nur bis zur Kimmung – also zur unteren Krümmung – der gegenüberliegenden Bordwand. Parallel dazu wurde in einer zweiten Ebene das gegenüberliegende Halbspant eingesetzt, und zwar so, daß das Backbordhalbspant in den meisten Fällen vor dem Steuerbordhalbspant sitzt. Halbspanten haben im Gegensatz zu den U-förmig zusammengebauten Spanten den Vorteil, daß man sie leichter aus Krummholz herstellen kann. Daher sind die Spanten beim Schiff 2 auch meistens aus einem entsprechend gewachsenen

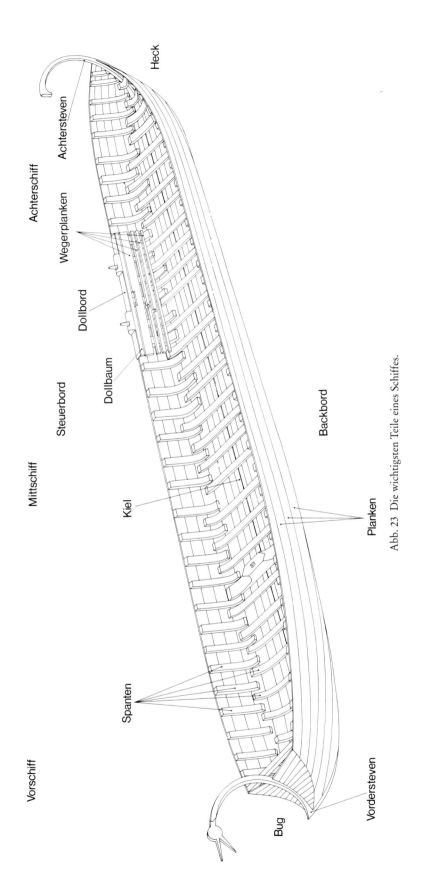

Heck

Achtersteven

Achterschiff

Wegerplanken

Dollbord

Steuerbord

Dollbaum

Mittschiff

Backbord

Kiel

Planken

Abb. 23 Die wichtigsten Teile eines Schiffes.

Spanten

Vorschiff

Vordersteven

Bug

Abb. 24   Nachbau 2 in Arbeit: Blick auf die Mallen.

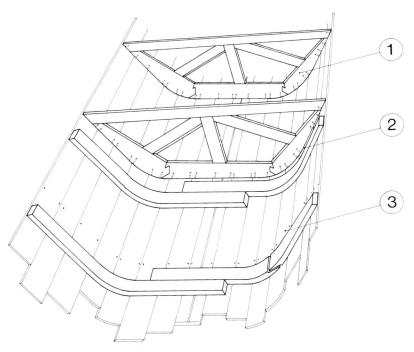

Abb. 25 Die Mallenbauweise.

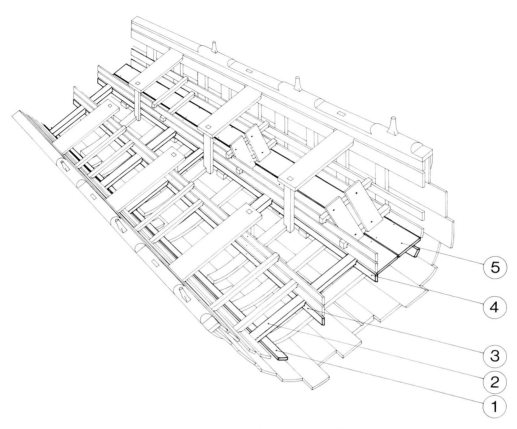

Abb. 26   Die Inneneinbauten: Die Laufdecks.

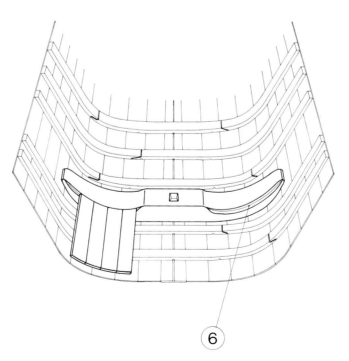

Abb. 27   Die Inneneinbauten: Die Sponung im Mastspant.

Stück gesägt; nur in Ausnahmefällen wurden sie aus zwei Teilen zusammengesetzt. Auch die Halbspanten weisen Nüstergatts auf.

Die dreigeteilten Spanten

Bei den Schiffen 1, 4 und 5 sowie im Heckbereich von Schiff 3 wurden die Auflanger und Wrangen nicht zu einem durchlaufenden Spant zusammengebaut, sondern einzeln dicht nebeneinander gesetzt. Für die sehr kurzen Wrangen im Bug- und Heckbereich griff man bei der Herstellung auf entsprechend gewachsene Astgabeln zurück. Besonders gut ist dies an einer Wrange von Schiff 3 zu sehen, die bereits auf dem Achtersteven saß und deshalb unten eine Aussparung aufweist. Die breiten Wrangen im Mittschiffsbereich sägte man aus normalem Stammholz; Wuchsmerkmale des Holzes blieben dabei unberücksichtigt.

Das Mastspant

Obwohl römische Kriegsschiffe in erster Linie Ruderschiffe waren, konnten sie auch gesegelt werden. In den Schiffen 3 und 5 haben sich die Mastspanten erhalten. Sie unterscheiden sich von den übrigen Spanten durch ihre größere Tiefe und Dicke; außerdem fehlen ihnen die Auflanger. In der Vertiefung des verdickten Mittelteils, der Mastspur, stand das stark verjüngte untere Mastende, der Mastfuß. Die Mastspur hielt den aufgerichteten Mast unten in seiner Position. Fixiert wurde er zusätzlich durch eine Aussparung in der Mastbank.

DIE INNENEINBAUTEN

Die Bordwände der Mainzer Römerschiffe sind innen ebenfalls mit Planken, den Wegern, ausgekleidet. Diese Innenplanken, bis auf Schiff 4 nur sehr schmale Planken – Stringer genannt –, haben zwei Funktionen: Zum einen bilden sie eine zusätzliche Längsvergurtung, d. h., sie wirken einer möglichen Lockerung von Spanten und Planken bei Fahrt durch rauhes Wasser entgegen; zum anderen dienen sie als Auflagen für die Inneneinbauten.

Die Laufdecks

An der Bordwand von Schiff 1 hat sich im Bereich der Kimmung, also am Übergang des Schiffsbodens in die Bordwand, ein Kimmstringer erhalten (Abb. 26, 1). Auf ihm lagen in Abständen rechteckige Querhölzer, die von Bordwand zu Bordwand reichen und im Rumpfinneren nochmals durch zwei schmale Bretter mit rechteckigen Aussparungen (Abb. 26, 2-4) gestützt wurden. Auf diesen Querhölzern lagen an beiden Schiffsseiten die Laufplanken (Abb. 26, 5). Das Mastspant von Schiff 3 besitzt auf der nach achtern weisenden Seite eine Sponung (Abb. 27, 6), auf der die Laufplanken auflagen. Der obere Teil des Mastspants verhinderte ein Verrutschen der Laufplanken. Die starke Krümmung des Mastspants läßt den Schluß zu, daß die Laufplanken in Schiff 3 recht schmal gewesen sind.

Der Sitzapparat

Oberhalb des Kimmstringers folgen bei Schiff 1 noch zwei schmale Stringer und ein etwas breiterer Weger (Abb. 28, 7-9). Der obere Weger (Abb. 28, 7) besitzt in der Oberkante langschmale Ausschnitte im Abstand von ca. 80 cm. In ihnen lagen die Ruderbänke, die Sitzduchten (Abb. 28, 10), auf, die an ihrem anderen Ende von schmalen senkrechten Vierkanthölzern (Abb. 28, 11) gestützt wurden. Das Stringerpaar auf halber Rumpfhöhe (Abb. 28, 8-9) weist kleine rechteckige Aussparungen auf. Ihnen entsprechen gleiche Ausschnitte in den schmalen Längsbrettern im Schiffsinnern, die an den Stützen der Sitzduchten vernagelt sind (Abb. 28, 12-13). Diese kleinen Ausklinkungen weisen stets den gleichen Ab-

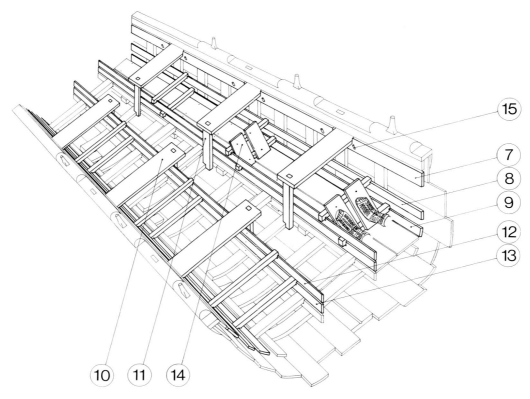

Abb. 28   Die Inneneinbauen: Der Sitzapparat.

stand zu den Duchten auf, und zwar so, daß die obere immer weiter achtern als die untere sitzt. In den Ausschnitten lagen früher Kanthölzer, die sich jedoch genauso wie die Sitzduchten nicht mehr erhalten haben. An den beiden Kanthölzern waren ehemals Stemmbretter (Abb. 28, 14) angebracht, damit sich die Ruderer beim Durchziehen der Ruder (Riemen) mit den Füßen abstützen konnten. Der Duchtweger weist zwischen den Aussparungen der Sitzduchten jeweils zwei runde Löcher (Abb. 28, 15) auf. In ihnen steckten ursprünglich kurze, schräg nach oben gerichtete Rundhölzer. Sie stellten wohl Haken dar, an denen die Ruderer ihre persönlichen Ausrüstungsgegenstände wie z. B. Helm und Schwert aufhängten.

DER RUDERANTRIEB

Die Mainzer Römerschiffe wurden von je einer Reihe Ruderer auf jeder Seite angetrieben. Die Riemen, also die Antriebsruder, lagen dabei auf einer Ruderauflage des Dollbords auf und waren mit Tauschlingen an einem Dollpflock befestigt, der in einem entsprechenden Loch der Ruderauflage steckte. Der Abstand von Dollpflock zu Dollpflock betrug 96-97 cm. Bei Schiff 1 wurde die Bordkante innen durch einen horizontal verlaufenden Dollbaum, außen durch eine Scheuerleiste verbreitert und verstärkt. Darauf nagelte man den durchgehenden Dollbord (Abb. 29). Er bestand aus einem längs halbierten Eichenstamm, der zwischen den stehenbleibenden Ruderauflagen bis auf 2 cm Höhe abgearbeitet war. In den flachen Zwischenräumen zwischen den Ruderauflagen gibt es kleine rechteckige Aussparungen. Vermutlich steckten in ihnen Aufhängevorrichtungen für die Schilde der Soldaten, die ja selbst ruderten.
Schiff 4 zeigt eine etwas andere Dollbordkonstruktion. Auch hier verstärkte der antike Bootsbauer die Bordkante durch Dollbaum und Scheuerleiste, doch fertigte er die Ruderauflagen einzeln an (Abb. 30). Sie waren unten nicht plan gearbeitet, sondern endeten in einem breiten Klotz, der genau der Öffnung

33

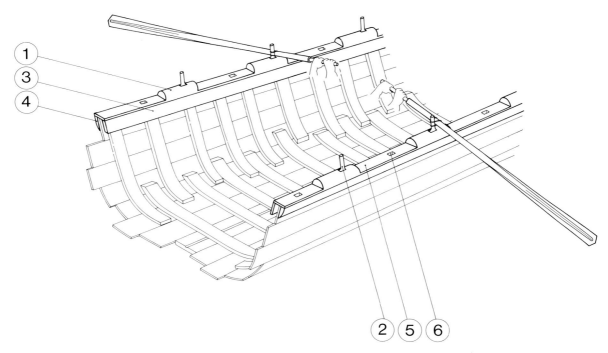

Abb. 29   Der Dollbord mit Schandeckel.

zwischen den beiden benachbarten Spanten sowie der Bordwand und dem Dollbaum entsprach. Oben schloß die Ruderauflage in der Breite mit Dollbaum und Scheuerleiste ab; in Längsrichtung überdeckte sie die beiden Spantköpfe. In der Ruderauflage war ein Schlitz eingearbeitet, in dem der Dollpflock steckte.

DIE STEUERUNGSANLAGE

Anders als heute wurden in der Antike Schiffe mit Hilfe zweier großer Ruder gesteuert, die außen an beiden Seiten des Schiffes angebracht waren. Mit einer Ruderpinne, einem Rundholz, das quer zum Ruderschaft in diesen eingezapft war (Abb. 31, 1-2) ließen sich die Ruderblätter drehen. Zog der Rudergänger die Pinne zu sich heran, stellten sich die Ruderblätter quer zur Wasserströmung. Durch die unterschiedliche Stellung der beiden Ruder konnte das Schiff gesteuert werden.
Unklar ist die Befestigung der Steuerruder am Schiff. Im Gegensatz zu allen antiken Darstellungen besitzen die Mainzer Schiffe im Heckbereich einen quer durch das Schiff verlaufenden Balken (Abb. 31, 3). Er ist bei Schiff 2 besonders gut erhalten. Auf ihm lastete anscheinend ein großer Druck, denn er ist nach hinten massiv abgestützt: Unmittelbar neben der Bordwand befindet sich außen im Ruderbalken ein Loch, in das der Zapfen eines leicht gekrümmten, zur Bordwand hin flach gearbeiteten Rundholzes eingreift (Abb. 31, 4). Dieses Stück ist an seinem hinteren Ende auch außen abgeflacht und mit einem Zimmermannszeichen versehen (vgl. unten). Hier war ein zweites Stützholz mit dem ersten, der Bordwand und dem Spant vernagelt, das nach außen schwang und ebenfalls mit dem Ruderbalken verzapft war (Abb. 31, 5). Diese starke hintere Abstützung des Ruderbalkens läßt den Schluß zu, daß das Ruder vor dem Balken lag und durch die Wasserströmung während der Fahrt gegen ihn gedrückt wurde. Die beiden Stützhölzer fingen diesen Druck ab. Wie allerdings die eigentliche Führung des Ruderschaftes am

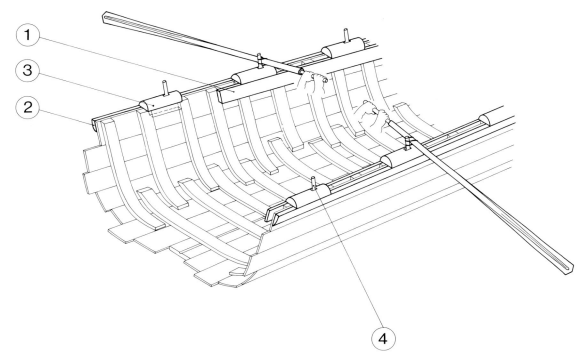

Abb. 30 Der Dollbord mit separat gearbeiteten Ruderauflagen.

Ruderbalken gestaltet war, geht aus den Befunden der Mainzer Schiffe nicht hervor. Beim Schiff 1 ist am Ruderbalken neben den hinteren Zapflöchern noch ein vorderes zu erkennen. Es könnte vielleicht mit der Ruderbefestigung zusammenhängen, ohne daß man heute schon weiß, auf welche Art.

DIE WERKZEUGSPUREN

An einer Reihe von Schiffsteilen können noch Werkzeugspuren beobachtet werden. Dabei lassen sich drei Werkzeugarten unterscheiden: An den Spanten hat z. B. eine Säge quer zum Spantverlauf feine senkrechte Rillen hinterlassen. Sie entstehen, wenn das von zwei Männern gezogene Blatt einer Spannsäge beim Wechsel der Zugrichtung leicht verkantet wird. Die Aussparung für den Dollpflock in der Ruderauflage haben die antiken Handwerker mit einem Stechbeitel hergestellt. Auf einer Planke sind die Hiebspuren eines Dechsels zu erkennen. Neben diesen reinen Werkzeugspuren haben sich auch Zimmermannszeichen erhalten. So wurde bei der Steuerungsanlage von Schiff 2 die Stelle, an der die äußere Balkenverstärkung auf die Bordwandverstärkung treffen sollte, mit eingekerbten Winkelzeichen vom Bootsbauer deutlich markiert.

DIE FLICKUNGEN

Wie bei jedem Schiff ließen sich auch bei den Mainzer Römerschiffen Reparaturen auf Dauer nicht vermeiden. Dabei bemühten sich die Römer selbstverständlich, den Aufwand so gering wie möglich zu halten. Wies z. B. eine Planke eine Beschädigung auf, schnitt man die Fehlstelle aus und setzte ein entsprechend zugerichtetes Teil ein. Die Fugen wurden ebenso wie die Plankennähte mit Kalfat – Pflanzenfasern wie z. B. Hanf – abgedichtet. Um zu vermeiden, daß das Kalfat herausrutschte, wurde es an kriti-

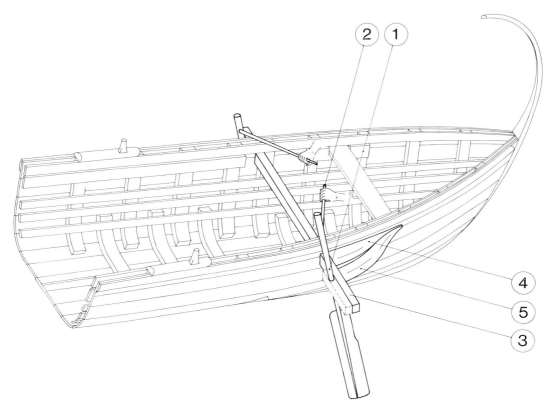

Abb. 31   Die Steuerungsanlage.

schen Stellen mit Kalfat-Zwecken, kleinen Nägeln mit breiten Köpfen, gehalten. Astlöcher dichteten die Römer mit passenden Holzpfropfen ab, wobei manchmal darauf verzichtet wurde, sie innen korrekt abzusägen, etwa wenn sie von einem Weger oder Stringer verdeckt waren wie bei Schiff 2. Außen wurde der Rumpf mit einem Schutzanstrich aus Pech versehen, der sich teilweise bis heute als dunkle, bröckelige Masse auf den Planken erhalten hat.

DIE FLOTTEN VOM 1. BIS 3. JAHRHUNDERT

DIE FLOTTEN IM RÖMISCHEN REICH

Zur Sicherung der Reichsgrenzen und der Verbindungslinien über das Mittelmeer unterhielten die Römer seit den Jahrzehnten vor Christi Geburt Flottenverbände, deren Zahl bis ins 2. Jahrhundert n. Chr. auf elf anwuchs.

Unmittelbar dem Kaiser unterstellt waren zwei große Flotten, deren Heimathäfen in Italien lagen. Es waren dies die Flotte von Misenum am Golf von Neapel und die Flotte von Ravenna an der nördlichen Adriaküste. Ihre Aktionsräume erstreckten sich über das gesamte Mittelmeergebiet. In der Sicherung des Seeverkehrs wurden sie durch zwei weitere Flotten im östlichen Mittelmeer unterstützt. Die Syrische Flotte diente vor allem der Bekämpfung von Seeräubern entlang der kleinasiatischen Südküste bis hin in die Ägäis. Die Ägyptische Flotte erfüllte ähnliche Aufgaben im Bereich der Ostküste Nordafrikas. Beide Flotten gemeinsam stellten Schiffe für ein drittes Geschwader ab, das seinen Standort in Cherchel im heutigen Algerien hatte. Ihm oblag die Bekämpfung der Seeräuber aus der Kabylei. In der zweiten Hälfte des 2. Jahrhunderts scheint es dann zu einer selbständigen Flotte, der Classis nova Libyca, umgewandelt worden zu sein.

Dem Schutz der Meeresgrenzen Nordgalliens und der Britischen Inseln diente die Britannische Flotte mit Standorten in Boulogne-sur-Mer und Dover. Die Meeresgrenzen am Schwarzen Meer wurden im Westen vom Donaudelta bis zur Krim von der Moesischen Flotte, entlang der Nordküste Kleinasiens bis zum Kaukasus von der Pontischen Flotte gesichert. Die Verteidigung der Stromgrenzen an der mittleren Donau in der Provinz Unterpannonien war der Pannonischen Flotte, die am Rhein in der Provinz Niedergermanien schließlich der Germanischen Flotte übertragen. Die Kommandeure dieser Regionalflotten im Mittelmeer und an den Reichsgrenzen unterstanden den Provinzstatthaltern, in deren Territorium die Hauptstandorte der Flotte lagen. Eine ungefähre Vorstellung von der Größe dieser Flotten und ihrer Bedeutung in der römischen Streitmacht gibt die Besoldung ihrer Oberkommandierenden. Zu den kleineren Verbänden gehörten die Pannonische, die Moesische, die Syrische und die Ägyptische Flotte, deren Kommandanten mit je 60000 Sesterzen im Jahr besoldet wurden. Noch etwas niedriger lag die Vergütung für den Praepositus des Geschwaders in Cherchel (Algerien). 100000 Sesterzen erhielten die Praefekten der Britannischen, der Germanischen und der Pontischen Flotte. Mit je 200000 Sesterzen am höchsten dotiert waren die Praefekten der beiden in Italien stationierten Flotten von Ravenna und Misenum. Der mehrfach belegte Wechsel im Kommando von Ravenna nach Misenum deutet schließlich darauf hin, daß die dortige Flotte das höchste Ansehen besaß.

Unabhängig von diesen Flotten operierten offenbar auf anderen Flußabschnitten an der Nordgrenze des Reiches mehrere Geschwader, die einzelnen Legionen angehörten. In der Provinz Obergermanien besaß wohl die 22. Legion von Mainz solch eine Abteilung. Entlang der Donaugrenze scheinen die Legionen in den Provinzen Noricum, Oberpannonien, Obermoesien und Niedermoesien über solche Schiffseinheiten verfügt zu haben. Die so gestaltete Flottenorganisation des Römischen Reiches behielt Bestand bis ans Ende des 3. Jahrhunderts. Dann wurde sie im Zuge der Neuorganisation des Heerwesens seit Kaiser Diocletianus verändert.

Karte: Die Flotte im Römischen Reich

DIE RÖMISCHE FLOTTE IM ANGRIFFSKRIEG GEGEN GERMANIEN

Die Anfänge der Germanischen Flotte gehen in die Jahrzehnte um Christi Geburt zurück, als die Römer versuchten, das Land zwischen Rhein und Elbe ihrem Reich einzugliedern. Um den Widerstand der germanischen Stämme in der norddeutschen Tiefebene nachhaltig zu brechen, wurden kombinierte Feldzüge geplant. Während ein Teil des Heeres vom Niederrhein auf dem Landweg nach Osten vordrang, wurde ein anderer Teil zu Schiff über die Nordsee ins Mündungsgebiet der großen Ströme transportiert, um, von dort ins Binnenland vordringend, sich mit dem anderen Heeresteil zu vereinen.

Zur Erleichterung des Wasserweges vom Niederrhein zum Meer hatte der Feldherr Drusus einen Kanal bauen lassen, der wohl dem Lauf der Ijssel folgend zum Ijsselmeer und der Nordsee führte. 12 v. Chr. drang auf diesem Weg eine Flotte bis zur Emsmündung vor. 5 n. Chr. gelangte auf gleiche Weise unter dem Oberkommando des späteren Kaisers Tiberius eine Flotte bis zur jütländischen Halbinsel und dem Eingang zur Ostsee, ehe sie in Kämpfe an der Niederelbe eingriff. Zwei weitere Flottenvorstöße zur Ems- und Wesermündung unternahm nach der Varusniederlage von 9. n. Chr. dann in den Jahren 15 und 16 n. Chr. der Feldherr Germanicus, Sohn des Drusus und Neffe des Tiberius.

Ebensowenig wie den Vorstößen über Land war jedoch den Flottenangriffen ein dauerhafter Erfolg beschieden. Vor allem Ebbe und Flut im Wattenmeer sowie Springfluten ließen die Unternehmungen teilweise dramatisch scheitern.

Karte: Die frührömischen Flottenexpeditionen in der Nordsee

Nero Claudius Drusus Germanicus (Abb. 32)

»Drusus Maior«; Bruder des Tiberius, Vater des Germanicus.
* 14.1.38 v. Chr./† September (?) 9 v. Chr.

Drusus führte als Oberkommandierender am Rhein zwischen 12 und 9 v. Chr. vier siegreiche Feldzüge in Germanien. Die beiden ersten gingen von Xanten, die beiden anderen von Mainz aus. Im letzten Feldzug – in dem Jahr war er als amtierender Consul zugleich oberster Beamter des Imperiums – erreichte er als erster Römer die Elbe. Doch auf dem Rückweg stürzte er mit dem Pferd so unglücklich, daß er 30 Tage später an den Folgen verstarb.

FO: Athen.
AO: Staatliche Museen PK Berlin.
Publ.: C. Blümel, Röm. Bildnisse (1933) 9 Nr. R 20.

Kaiser Tiberius (Tiberius Caesar Augustus) (Abb. 33)

Vor der Adoption durch Augustus: Tiberius Claudius Nero.
* 16.11.42 v. Chr./Kaiser 19.8.14 n. Chr./† 16.3.37 n. Chr.

Der spätere Kaiser Tiberius, der ältere Bruder des Drusus und Stiefsohn des Augustus, war wohl der Angehörige des Kaiserhauses, der Germanien am besten kannte. Nach dem Tod seines Bruders Drusus übernahm er dessen Kommando bis zum Jahr 6 v. Chr. und war ein weiteres Mal zwischen 4 und 6 n. Chr. Oberkommandierender am Rhein. Damals befriedete er Germanien zwischen Rhein und Elbe so weit, daß es fast als römische Provinz angesehen werden konnte, aber nur fast, wie die Niederlage des Varus bitter bestätigte. Als Retter in der Not übernahm er von 9 bis 12 n. Chr. erneut das Oberkommando am Rhein.

FO: Arsinoë, Fayum, Ägypten.
AO: Ny Carlsberg Glyptotek Kopenhagen.
Publ.: V. Poulsen, Portr. Rom. I (1962) 82 f. Nr. 45.

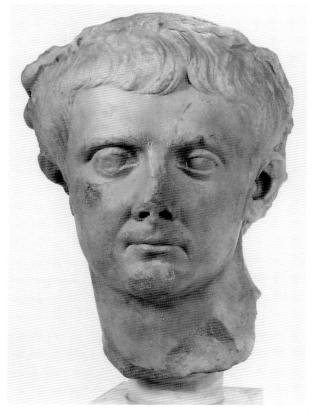

Abb. 32   Nero Claudius Drusus Germanicus. Berlin, SMPK.   Abb. 33   Kaiser Tiberius. Kopenhagen, Ny Carlsberg Glyptotek.

Germanicus Caesar (Abb. 34)

Vor der Adoption durch Tiberius: Nero Claudius Germanicus. Sohn des Drusus Maior
* 24.5.15 v. Chr./† 10.10.19 n. Chr.

Germanicus, Sohn des Drusus, zugleich Adoptivsohn und designierter Nachfolger des Tiberius als Kaiser, übernahm 12 n. Chr. von seinem Onkel Tiberius das Oberkommando am Rhein. Von 14 bis 16 n. Chr. führte er unter schweren Verlusten drei siegreiche Feldzüge in Germanien. Er versuchte, an die militärischen Erfolge seines Vaters Drusus und seines Onkels Tiberius anzuknüpfen und rächte – aus römischer Sicht – die Schmach der Varus-Niederlage. Aus seiner Kenntnis der Gesamtsituation heraus veranlaßte ihn der Kaiser Tiberius, nachdem so der römischen Waffenehre Genüge getan war, den Kampf abzubrechen und rief ihn aus Germanien ab.

FO: Tarent.
AO: National Museet Kopenhagen.
Publ.: H. Jucker, Jahrb. DAI 92, 1977, 223 Typ Béziers Nr. N.

DIE RÖMISCHEN FLOTTEN IN DEN GERMANISCHEN PROVINZEN
SEIT DEM 1. JAHRHUNDERT N. CHR.

Mit dem Ende der römischen Angriffskriege gegen das Land zwischen Rhein und Elbe seit 17 n. Chr. blieb das Aktionsgebiet der Germanischen Flotte auf den Lauf des Rheins begrenzt. Vorgeschobene Stationen an der Lippe in Haltern waren wohl schon 9 n. Chr., in Holland bei Velsen um 47 n. Chr. end-

Abb. 34 Germanicus Caesar. Kopenhagen, Nationalmuseet.	Abb. 35 Kaiser Domitianus. Rom, Museo Nuovo Capitolino.

gültig aufgegeben worden. Seit den Jahren um 20 n. Chr. wird dann Köln-Alteburg zum Hauptstandort der Flotte am Rhein. Dementsprechend konzentriert sich ihre Aktivität auf die Stromgrenze bis zur Nordsee. Als Kaiser Domitianus um 90 n. Chr. die Provinzen Niedergermanien und Obergermanien organisiert, wird deutlich, daß die Germanische Flotte nicht über Koblenz hinaus rheinaufwärts wirkt. In Obergermanien übernehmen offenbar Verbände der 22. Legion Aufgaben der Flotte, die sie bis in die Spätantike innehaben.

Karte: Die römischen Flotten in den germanischen Provinzen seit dem 1. Jahrhundert n. Chr.

Kaiser Domitianus (Imperator Caesar Domitianus Augustus) (Abb. 35)

Bis zum Regierungsantritt: Titus Flavius Domitianus.
* 24.10.51 n. Chr./Kaiser 14.9.81 n. Chr./† 18.9.96 n. Chr.

Nachdem Domitianus, der zweite Sohn des Kaisers Vespasianus, seinem Bruder Titus als Kaiser gefolgt war, fand er am Rhein die Gelegenheit, eigenen Kriegsruhm zu erlangen. Ab 83 n. Chr. führte er von Mainz aus einen Germanenkrieg, um die neuerliche Bedrohung der Rheingrenze zu unterbinden.
Domitianus war es auch, der die politischen und militärischen Verhältnisse in der Rheinzone endgültig regelte, indem er anstelle der seit augusteischer Zeit bestehenden Militärbezirke an der germanischen Grenze die beiden Provinzen Germania Superior mit Mainz und Germania Inferior mit Köln als Hauptstädte einrichtete.

FO: Rom.
AO: Museo Nuovo Capitolino Rom.
Publ.:   K. Fittschen u. P. Zanker, Katal. d. röm. Portr. in den Capitolinischen Museen I (1985) 36 f. Nr. 33.

DIE RECHTSSTELLUNG DER FLOTTENSOLDATEN

DAS BÜRGERRECHT IM RÖMISCHEN REICH

Im Gegensatz zu der zentral organisierten Verwaltung des Römischen Reiches zeichnete sich die Rechtsstellung der freien Reichsbewohner durch große Vielfalt aus. Den höchsten Rang nahmen diejenigen Personen ein, die das römische Bürgerrecht besaßen. Sie allein konnten in höhere Staatsämter aufsteigen und hatten das Privileg, in Rechtsstreitigkeiten direkt an den Kaiser zu appellieren. Ursprünglich auf die Einwohner der Stadt Rom beschränkt, wurde es mit der Ausweitung des Reiches bestimmten Personengruppen als Auszeichnung verliehen. Eine einfachere Form des Bürgerrechts war das latinische Recht. Es ist aus der Rechtsstellung der italischen Städte abgeleitet worden, die seit früher Zeit mit Rom verbündet waren. Im wesentlichen dem römischen Bürgerrecht entsprechend, erlaubte es jedoch nicht den Aufstieg in die hohen staatlichen Ämter. Die meisten Einwohner des Reiches lebten jedoch aus der Sicht der Römer betrachtet nach »Fremdem Recht«, daher als Fremde, Peregrini, bezeichnet. Dieses »Fremde Recht« war ganz unterschiedlich entwickelt. Teils handelte es sich um nicht kodifizierte Stammesrechte unterworfener Völker, teils waren es aber auch schriftlich fixierte Rechtsordnungen alter, in das Römische Reich eingegliederter Städte und Staaten. Gegenüber der römischen Reichsverwaltung hatten diese Rechte jedoch keine Wirksamkeit, so daß Personen dieser Rechtsstellung faktisch der Willkür der Provinzstatthalter ausgesetzt waren. Die drei Bürgerrechtsformen drückten sich auch in der Namensform aus. Der korrekte Name eines römischen Bürgers hatte fünf Bestandteile: den Vornamen (Praenomen), den Familiennamen (Nomen gentile), den Vornamen des Vaters (Filiation), die Angabe des Stimmbezirks in der Stadt Rom, dem er auch dann nominell angehörte, wenn er dort gar nicht lebte (Tribus-Angabe), und den individuellen Beinamen (Cognomen). Im Namen der latinischen Bürger fehlen Filiation und Tribusangabe. Da jedoch auf den Inschriften auch römische Bürger häufig auf diese beiden Angaben verzichteten, ist die Unterscheidung zwischen römischen und latinischen Bürgern allein vom Namen her nicht immer eindeutig. Die peregrinen Bürger nennen sich mit ihrem einheimischen Vornamen und dem Vornamen des Vaters. Die Exklusivität des besseren Personenrechtes wird deutlich bei Eheverbindungen von Personen unterschiedlichen Rechts erkennbar. Die Kinder aus solchen Ehen erhielten dann stets den Rechtsstatus des rechtlich schlechter gestellten Elternteils.

Aufstieg zu besserem Recht war normalerweise nur möglich durch persönlichen Reichtum. Dieser erschloß die Übernahme eines Amtes in den von der Reichsverwaltung organisierten Selbstverwaltungsbereichen der Stämme und Städte nichtrömischen Rechts. Inhaber solcher Ämter erhielten regelmäßig das römische Bürgerrecht als Auszeichnung verliehen. Demjenigen, der nicht über Reichtum verfügte, eröffnete sich jedoch ein anderer Weg, die höchste Rechtsstellung, das römische Bürgerrecht, zu erlangen: durch den Eintritt in die römische Armee. Unfreie Personen, Sklaven, erhielten bei der Freilassung durch ihre Besitzer deren Rechtsstatus, meist jedoch in eingeschränkter Form. Solche Einschränkungen betrafen vor allem die von Bürgern römischen Rechts Freigelassenen. Es war somit ein revolutionierender Rechtsakt, als im Jahre 212 n. Chr. Kaiser Caracalla (211-217 n. Chr.) allen freien Einwohnern im Reich das römische Bürgerrecht verlieh.

RECHTSSTELLUNG DER LEGIONÄRE

Die Kerntruppe des römischen Heeres bildeten die Legionen. In ihnen konnten nur Männer mit römischem Bürgerrecht Dienst tun. Nach Ablauf der 25jährigen Dienstzeit – 20 Jahre aktiver Dienst und 5 Jahre Reservistenzeit – erhielt der Legionär mit seiner ehrenvollen Entlassung eine Dotation in Geld oder Land sowie weitestgehende Steuerbefreiung. Obwohl den Legionären die Heirat verboten war, lebten sie natürlich in den Garnisonsorten mit Frauen in eheähnlichen Verbindungen. Diese konnten sie nach einem Gesetz des Augustus, erneuert vom Kaiser Domitianus (81-96 n.Chr.), nach ihrer Entlas-

sung legalisieren, wobei diesen Frauen und Kindern aus der Verbindung automatisch das römische Bürgerrecht verliehen wurde. Die ehrenvolle Entlassung aus dem Militär wurde schriftlich bestätigt, um diese Rechtsakte einzuleiten.

Entlassungsurkunde eines Soldaten der 11. Legion

Auf dem mit Wachs überzogenen und wohl ehemals versiegelten Holztäfelchen wird bestätigt, daß Kaiser Domitianus im Jahr 91 n. Chr. einen Soldaten der 11. Legion Claudia Pia Fidelis, dessen Namen sich leider nicht erhalten hat, ehrenvoll aus dem Militärdienst entlassen hat. Er gehörte zu den Jahrgängen, die in den Jahren 66 und 67 n. Chr. in die Legion eingetreten waren. Diese Urkunde wurde dem Veteranen bei seiner Entlassung ausgehändigt und stellt die Abschrift des offiziellen Textes auf einer in Rom am Augustustempel angebrachten Bronzetafel dar. Auf ihr waren alle Namen der in diesem Jahr aus der 11. Legion entlassenen Soldaten aufgeführt. Da das Täfelchen auf der römischen Müllkippe des Legionslagers von Vindonissa, dem Standquartier der 11. Legion, gefunden wurde, hat sich der Soldat entweder nach seiner Entlassung in unmittelbarer Nähe des Lagers niedergelassen oder er hat der Urkunde keine große Bedeutung zugemessen, so daß er sie fortgeworfen hat.

Zeit: 91 n. Chr.
FO: Legionslager Vindonissa.
AO: Vindonissamuseum, Brugg (CH), Inv.-Nr. 7256.
Publ.: Jahresber. Ges. Pro Vindonissa 1990, 59 ff.

RECHTSSTELLUNG DER HILFSTRUPPENANGEHÖRIGEN

Männern, die nach latinischem Recht oder nach »Fremdem Recht« im Reich lebten, stand der Dienst in den Hilfstruppen offen. Nach 25jähriger Dienstzeit erhielten sie dann bei ihrem ehrenvollen Abschied das römische Bürgerrecht verliehen. Zugleich bekamen sie das Privileg, eine nach römischem Recht vollgültige Ehe mit der Frau zu schließen, mit der sie zusammenlebten oder zu leben beabsichtigten, auch wenn diese kein römisches Bürgerrecht besaß. Den Kindern aus dieser Verbindung wurde es ausdrücklich gewährt. Kaiser Antoninus Pius (138-161 n. Chr.) hat allerdings dieses Recht auf die Kinder begrenzt, die erst nach der Entlassung des Vaters aus dem Militärdienst geboren wurden.
Die Verleihung der Rechte wurde – entsprechend der großen Bedeutung für den Empfänger – auf versiegelten Bronzetafeln bestätigt.

Entlassungsurkunde eines Hilfstruppensoldaten

Am 3. Mai 112 n. Chr. verlieh Kaiser Traianus Hilfstruppensoldaten, die 25 Jahre und länger in Oberpannonien in fünf namentlich erwähnten Reitereinheiten (Alae) und in drei Fußtruppeneinheiten (Cohortes) gedient hatten und von dem Statthalter Caelius Faustinus ehrenvoll entlassen worden waren, das Bürgerrecht. Die hier vorliegende Abschrift der offiziellen Urkunde in Rom war für den einfachen Soldaten Dasens bestimmt, den Sohn des Licca, einen Pannonier. Er hatte in der Ala Aravacorum et Hispanorum gedient, die bei seiner Entlassung unter dem Befehl des Tiberius Claudius Numidicus stand. In der Urkunde sind außerdem der Name und der Geburtsort seiner Frau aufgeführt, mit der er nun eine rechtsgültige Ehe führen durfte, sowie die Namen seines Sohnes und seiner drei Töchter, die gleichzeitig mit dem Vater das römische Bürgerrecht erhielten.

Zeit: 3. Mai 112 n. Chr.
AO: Römisch-Germanisches Zentralmuseum, Mainz, Inv.-Nr. O. 41287.

RECHTSSTELLUNG DER FLOTTENANGEHÖRIGEN

Einen besonderen Weg rechtlichen Aufstiegs bot der Eintritt in die römische Flotte. Da der Dienst als schwer angesehen wurde und zudem 26-28 Jahre dauerte, mußten offenbar besondere Anreize zur Rekrutierung geschaffen werden. In der frühen Kaiserzeit, von Augustus (30 v. Chr.-14 n. Chr.) bis Clau-

dius (41-54 n. Chr.), bestanden die Flotten daher wohl zu einem großen Teil aus Freigelassenen der kaiserlichen Vermögensverwaltung. Ihnen wurde mit der Freilassung aus der Sklaverei ein eingeschränktes Bürgerrecht latinischer Form gewährt, das zunächst nicht vererbbar war. Diese Praxis wurde dann auf alle Angehörigen der Flotte ausgedehnt und machte dadurch diesen Dienst für Männer mit »Fremdem Recht« attraktiv, da sich ihr persönlicher Status außerordentlich verbesserte. Beim ehrenvollen Abschied erhielten sie dann für sich das volle römische Bürgerrecht. Die Frau, mit der sie zusammenlebten, konnten sie nun nach römischem Recht vollgültig heiraten, und ihren Kindern wurde trotz des fehlenden römischen Bürgerrechts der Mutter dieser Rechtsstatus zugesprochen. Ebenso wie die Soldaten der Hilfstruppen erhielten auch die Angehörigen der Flotte diese Rechtsverleihung auf versiegelten Bronzetafeln bestätigt. Mit der Verleihung des Bürgerrechtes nach latinischer Form bei Eintritt in die Flotte war eine Änderung des Namens für den Rekruten verbunden. Anstelle des für Männer »Fremden Rechts« üblichen Vornamens mit Zusatz des Vatersnamens trug er nun einen lateinischen Vornamen mit einem fiktiven Familiennamen. Ein Beispiel dafür gibt der Brief eines ägyptischen Flottensoldaten an seine Eltern.

Entlassungsurkunde eines Centurio der Misenischen Flotte

Nach wenigstens 26 Dienstjahren verlieh Kaiser Vespasianus am 9. Februar 71 n. Chr. dem militärischen Schiffskommandanten (Centurio) Hezbenus, Sohn des Dulazenus, und seinem während der aktiven Militärzeit geborenen Sohn Doles das römische Bürgerrecht. Außerdem erhielt er wie die übrigen Veteranen der Misenischen Flotte aus diesem Entlassungsjahrgang ein Stück Land bei Paestum zur Ansiedlung. Anscheinend hat sich Hezbenus aber dort nicht niedergelassen, sondern ist zu seinem Stamm der Sappäer nach Thrakien zurückgekehrt, denn der Fundort der Urkunde in der Nähe von Kavala liegt im ehemals thrakischen Gebiet.
Obwohl Hezbenus als Offizier der Misenischen Flotte mit Sicherheit latinisches Bürgerrecht besaß, ließ er in seiner Bürgerrechtsurkunde seinen ursprünglichen peregrinen Namen einsetzen, was zu den Ausnahmen in Militärdiplomen von Flottenangehörigen zählt.

Zeit: 9. Februar 71 n. Chr.
FO: Kavala (GR).
AO: Kunsthistorisches Museum, Wien, Inv.-Nr. VI 3267.
Publ.: CIL XVI 12.

Entlassungsurkunde eines Flottensoldaten

Von der Entlassungsurkunde des Lucius Domitius Valens, Sohn des Valens, aus der Stadt Selinus in der römischen Provinz Kilikien an der türkischen Südküste hat sich nur die zweite Tafel erhalten. Deshalb wissen wir nicht, in welcher Flotte er als einfacher Soldat gedient hat. Daß er aber ein Flottenangehöriger und kein Hilfstruppensoldat gewesen ist, geht aus dem Fehlen einer Hilfstruppenangabe vor seinem Namen hervor. Das Bürgerrecht erstreckte sich auch auf den Sohn des Lucius Domitius, der in alter Familientradition ebenfalls Valens genannt worden war. Dieser entstammte wohl der Verbindung mit Domitia, der Tochter des Neis, die aus der Stadt Syedra, ca. 20 km nordwestlich von Selinus kam und mit der Domitius nach seiner Entlassung in einer rechtsgültigen Ehe leben wollte, weshalb er ihren Namen angab, damit er in der Urkunde vermerkt werden konnte.

Zeit: 26. Oktober 145 n. Chr.
FO: Umgebung von Izmir.
AO: Prähistorische Staatssammlung München, Inv.-Nr. 1976, 2258.
Publ.: RMD I, 44.

Entlassungsurkunde eines Soldaten der Misenischen Flotte

Obwohl seit 212 n.Chr. alle freigeborenen Einwohner des Römischen Reiches das römische Bürgerrecht besaßen, seit dieser Zeit also die Bürgerrechtsverleihungen an Flotten- und Hilfstruppensoldaten überflüssig geworden waren, finden sich auch für die Jahre nach 212 n.Chr. noch bronzene Entlassungsurkunden. Sie hatten

nun nicht mehr für den Empfänger selbst große Bedeutung, wohl aber für seine Kinder, wenn die Mutter keine Freie gewesen war, sondern z. B. eine Freigelassene. In diesem Fall besaß sie nämlich kein römisches Bürgerrecht, und damit waren auch ihre Kinder davon ausgeschlossen. Diese erhielten es erst dann, wenn der Vater nach Ablauf seiner Dienstzeit ehrenvoll entlassen wurde. So ist auch das Militärdiplom für Titus Domitius Domitianus, Sohn des Tumelus, aus der Ortschaft Vindemis bei Claudiopolis in Kilikien (Südtürkei) vom 29. November 229 n. Chr. zu verstehen, von dem die erste Tafel erhalten blieb. Er hatte als einfacher Soldat 28 Jahre in der Misenischen Flotte gedient und erwarb damit das Bürgerrecht für seine drei Söhne, die er mit Aurelia Maia, einer freigelassenen Afrikanerin, hatte.

Gleichzeitig wirft diese Entlassungsurkunde ein Licht darauf, wie manche Eltern in römischer Zeit die Beinamen (Cognomina) für ihre Kinder auswählten: Die Beinamen des zweiten und dritten Sohnes sind von geographischen Namen abgeleitet – Caricus von Caria, einer Küstenlandschaft im südwestlichen Kleinasien, Puteolanus von Puteoli, der Nachbarstadt von Misenum am Golf von Neapel. Wahrscheinlich wurden die Söhne hier geboren.

Zeit: 27. November 229 n. Chr.
FO: Türkei(?).
AO: Privatbesitz / Prähistorische Staatssammlung, München.
Publ.:   RMD II, 133.

Gesuch misenischer Flottensoldaten an den Statthalter von Judäa um Bestätigung ihres Bürgerrechts mit dem Bescheid des Statthalters

Beispielhaft zeigt das Dokument aus dem Jahr 150 n. Chr., welche Bedeutung Flottensoldaten einer ordnungsgemäßen Entlassungsurkunde aus dem Militärdienst beigemessen haben, da diese den Beweis für den Erwerb des römischen Bürgerrechtes erbrachte. Zugleich gibt der Papyrus eine anschauliche Vorstellung vom amtlichen Verkehr im Römerreich. In das öffentlich ausliegende Petitionsbuch an den Statthalter der Provinz Judäa in Caesarea ließ eine Gruppe von 22 Soldaten die Bitte um eine ordentliche Entlassungsurkunde zu Ende ihrer Dienstzeit eintragen. Sie hatten ursprünglich in der Misenischen Flotte angemustert und, wie ihre Namen anzeigen, damit latinisches Bürgerrecht bekommen. Dann aber waren sie von Kaiser Hadrianus in die 10. Legion, die in Jerusalem stand, versetzt worden, in der sie weiter Dienst getan hatten. Diese an sich ehrenvolle Beförderung von Nichtrömern in eine Truppe römischer Bürger hatte allerdings zur Folge, daß sie bei der Entlassung nun keine spezielle Bürgerrechtsurkunde bekamen, da üblicherweise Legionssoldaten diesen Status von Haus aus hatten. Deshalb baten sie jetzt um solch ein spezielles Dokument.

Der Statthalter beschied in dem Petitionsbuch diese Bitte positiv, betonte allerdings, daß solch ein Dokument unüblich sei und versicherte, daß er den Statthalter der Heimatprovinz der Soldaten davon in Kenntnis setzen würde. Mehrere dieser 22 Soldaten haben sich jedoch von ihrer Petition und dem Entscheid des Statthalters aus dem Petitionsbuch teilweise sogar durch Zeugen beglaubigte Abschriften anfertigen lassen – offensichtlich, um selbst ein Dokument für die Behörden der Heimatprovinz in Händen zu halten.

Zeit: 22. Januar 150 n. Chr.
AO: Istituto Papirologico Vitelli, Florenz (I), Inv.-Nr. A. 150p.
Publ.:   Papiri greci e latini (1912) 1026.

Zeigen die Entlassungsurkunden von Flottensoldaten, welcher Lohn ihnen am Ende der Dienstzeit winkte, vermittelt der Brief des Ägypters Apion einen Einblick in das Anmusterungsverfahren.

Brief des Apion an seinen Vater Epimachus

Apion unterrichtet darin seine Familie, daß er die Überfahrt nach Misenum gut überstanden und gleich nach seiner Ankunft ein Reisegeld von drei Aurei bekommen habe. Dieses »Handgeld« war recht hoch, betrug es doch ein Viertel des normalen Jahressoldes (vgl. dazu unten S. 61). Deshalb verwundert es nicht, wenn Apion seinem Vater ein Bild von sich ankündigt, das er ihm schicken werde und das er wohl, finanziell derart gut ausgestattet, von sich als Marinesoldat hat anfertigen lassen. Wichtiger aber sind zwei Angaben am Schluß des Briefes. Dort teilt er mit, daß er nun Antonius Maximus heiße. Anders als bei Hilfstruppensoldaten war für ihn der Eintritt in die Flotte also mit der Annahme eines lateinischen Namens verbunden, Ausdruck seines neuen lati-

nischen Bürgerrechts. Außerdem schreibt er, daß er zur Centurie Athenonike gehöre. Die Athenonike war eine Trireme, also ein Dreiruderer, der Misenischen Flotte. So wie die Legionen in Centurien eingeteilt waren, Abteilungen von 80 Mann unter der Führung eines Centurio, waren es demnach auch die Flotten. Dabei sahen die Marinesoldaten ihr Schiff als eine solche Centurie an, unabhängig von seiner Besatzungsstärke. Entsprechend hieß der militärische Schiffskommandant Centurio classicus (vgl. dazu unten S. 47)

Zeit: 2. Jahrhundert n. Chr. (?).
AO: Ägyptisches Museum, Berlin, Inv.-Nr. P. Berol. 7950.
Publ.: BGU III, 423.

DIE ORGANISATION EINER RÖMISCHEN FLOTTE

Die Hauptquelle für die Rekonstruktion römischer Flottenorganisation bilden Inschriften auf Grabsteinen, Weihealtären und Statuenbasen von Flottenangehörigen. Neben ihrem Namen wurde dort oft auch ihre Aufgabe innerhalb der Flotte vermerkt. Da man außerdem manchmal angegeben hat, auf welchem Schiff sie Dienst taten, ist es sogar möglich, eine Schiffsbesatzung zusammenzustellen. In der Ausstellung ist diese Denkmälergruppe gemäß ihrer Bedeutung für unser Wissen über die römische Flotte entsprechend stark berücksichtigt. So sind alle heute noch vorhandenen Inschriften, die Angehörige der Germanischen Flotte hinterlassen haben, hier vereint. Soweit von verschollenen Inschriften Abbildungen existieren, werden auch diese gezeigt.
Über das Aussehen antiker Flottensoldaten geben die Reliefs auf zwei Grabsteinen von Soldaten der Misenischen Flotte Auskunft, die in Piräus bestattet wurden (Abb. 36-37).

Das Oberkommando einer Flotte (Farbtafel 6)

An der Spitze römischer Flotten stand jeweils ein *Praefectus*, ein Mann ritterlicher Herkunft. Nur in den beiden großen italischen Flotten hatte er einen Stellvertreter, den *Subpraefectus*. Zur persönlichen Bedienung verfügte der Praefekt über eine Leibwache, den *Secutor* bzw. *Corporum custos*, einen Pferdeknecht, den *Strator*, und eine Ordonnanz, den *Vestiarius*. Der Leiter des Stabsbüros hieß *Cornicularius*; bei ihm liefen die Aufgaben der Flottenverwaltung zusammen. Für die Finanzen waren der *Dispensator* und als Rechnungsführer der *Librarius* zuständig. Für die Schreibarbeiten gab es den *Exactus* bzw. *Cerarius*. Für das Urkundenarchiv stand ein *Tabularius* zur Verfügung, während der *Praeco* Bekanntmachungen des Flottenpraefekten ausrief. Zur unmittelbaren Begleitung des Praefekten gehörten weitere Amtsträger. Der *Signifer* trug die Verantwortung für das Feldzeichen, das Signum. Der *Tesserarius* holte die tägliche Parole beim Präfekten, um sie weiterzugeben. Wechselnde Aufgaben innerhalb des Stabes hatte der *Beneficiarius*, kenntlich an einem besonderen Abzeichen, der Benefiziarierlanze. Abgesehen von Praefekt und Subpraefekt, die der römischen Admiralität angehörten, hatten die Stabsangehörigen keinen besonderen Rang. Sie standen als Immunes neben den normalen Mannschaften, waren jedoch wegen ihrer besonderen Aufgaben vom normalen Flottendienst befreit.

Wandbild: Das Oberkommando einer Flotte

Weiheinschrift für Iuppiter auf einer Statuenbasis aus Köln

I(ovi) O(ptimo) M(aximo)
M(arcus) AEMILIVS CRESCENS
PRAEF(ectus) CLASS(is) GERM(anicae) P(iae) F(idelis)

CVM AEMILIO MACRINO
FILIO HIC SVSCEPTO

Iuppiter, dem Besten und Größten.
Marcus Aemilius Crescens,
Praefekt der Germanischen Flotte, der Pflichtgetreuen und Zuverlässigen, hat
mit Aemilius Macrinus,
dem hier geborenen Sohn, (diese Statue geweiht).

Marcus Aemilius Crescens war Admiral der Germanischen Flotte und gehörte wie alle römischen Flottenpraefekten dem römischen Ritterstand an. Im Jahre 89 n. Chr. verlieh Kaiser Domitianus (81-96) der Germanischen Flotte, wie allen niedergermanischen Streitkräften, die Ehrenbeinamen Pia Fidelis, da sie die Revolte des
Mainzer Legionskommandanten Saturninus niedergeschlagen hatten.

Zeit: Nach 89 n. Chr.
FO: Köln, Lungengasse.
AO: Verschollen.
Publ.:   CIL XIII 8198.

Ehreninschrift für P. Helvius Pertinax auf einer Statuenbasis aus Brühl

P(ublio) HELVIO PERTINACI
EQ(uo) P(ublico) PRAEF(ecto) COH(ortis) IIII GAL
LOR(um) EQ(uitatae) TRIB(uno) LEG(ionis) VI VICT(ricis)
PRAEF(ecto) COH(ortis) I TVNG(rorum) PRAEF(ecto)
ALAE [- - -] PRO
CVRATORI AD ALIMENT(a)
PRAEF(ecto) CLASS(is) GER(manicae) PROC(uratori)
AVG(usti) AD DVCEN(a) III DAC(iarum) ID(em)
MOESIAE SVPER(ioris)
AGRIPPINENSES
PVBLICE

(Ergänzung nach H. G. Kolbe)

Dem Publius Helvius Pertinax,
im staatlichen Ritterrang, dem Praefekten der 4. Gallischen berittenen Cohorte,
dem Tribunen der 6. Legion, der Siegreichen,
dem Praefekten der 1. Tungrischen Cohorte, dem Praefekten der ...
Ala ..., dem Pro-
curator für die Getreideversorgung (in Rom),
dem Praefekten der Germanischen Flotte, dem Procurator
des Kaisers mit 200000 (Sesterzen Jahresgehalt) der 3 Dakien und
Obermoesiens (haben)
die Kölner
aus öffentlichen Mitteln (diese Statue gesetzt).

Publius Helvius Pertinax bekleidete 192 n. Chr. das Consulat in Rom, wo er nach der Ermordung des Kaisers
Commodus am 31.12.192 n. Chr. zu dessem Nachfolger ausgerufen wurde. Am 28.3.193 n. Chr. tötete ihn seine eigene Leibgarde. Die Einwohner von Köln (Colonia Claudia Ara Agrippinensis) setzten dem damaligen
Flottenkommandanten Pertinax nach seiner Berufung zum kaiserlichen Finanzverwalter der Provinzen Daki-
en und Obermoesien an der unteren Donau zum Abschied dieses Denkmal, dessen Statue heute verloren ist.

Zeit: 169/170 n. Chr.
FO: Brühl, Kr. Köln.
AO: Rheinisches Landesmuseum Bonn, Inv.-Nr. 59, 380a.
Publ.:   4. Nachtrag CIL XIII. Ber. RGK 58, 1977, Nr. 171.

DIE SCHIFFSKOMMANDANTEN

Römische Kriegsschiffe besaßen jeweils zwei Kommandanten, die seit dem 2. Jahrhundert n. Chr. gleichgestellt waren: den militärischen und den nautischen Kommandanten. Jedes Schiff wurde als eigene Einheit, als Centuria, angesehen. So wie es in der römischen Legion, die aus 59 Centurien bestand, eine Rangfolge der Centurionen gab, lassen sich bei der Flotte drei Klassen unterscheiden.
Neben dem ranghöchsten *Centurio classicus 3. Ranges*, der in der Legion Primuspilus hieß, stand der *Nauarchus princeps*. Beide befehligten wohl kein eigenes Schiff mehr, sondern waren für größere Verbände zuständig. Die militärische Befehlsgewalt auf größeren Schiffen hatte ein *Centurio classicus 2. Ranges* inne. Die nautische Führung dieser Schiffe fiel in die Zuständigkeit eines *Nauarchus*. Er verfügte über einen eigenen Stab, wie der *Beneficiarius nauarchi* anzeigt. Kleinere Schiffe befehligten der *Centurio classicus 1. Ranges* und der *Trierarchus*. Auch Kapitäne konnten durch Leibwachen geschützt werden; so ist auf einer Grabinschrift in Misenum ein *Secutor trierarchi* genannt. Die Centuriones Classici und die drei nautischen Schiffskommandanten hatten Offiziersrang, während die ihnen zugeteilten Beneficiarii und Secutores wie im Flottenstab zu den Immunes zählten.

Wandbild: Die Schiffskommandanten

Grabstein der Claudia Albina aus Romagnieux

CLAVD(iae) ALBINAE
TIB(erii) CL(audii) ALBINI
NAVARC(hi) CLAS(sis)
GERM(anicae) FILIAE
M(arcus) POMPEIVS
PRISCIANVS
CO(n)IVGI OPTIMAE

Der Claudia Albina,
des Tiberius Claudius Albinus,
des Nauarchen der Germanischen
Flotte Tochter.
Marcus Pompeius
Priscianus (hat)
der besten Ehefrau (den Grabstein gesetzt).

Der Rang eines Nauarchen, also eines nautischen Kommandanten eines größeren Kriegsschiffs, war so bedeutend, daß er noch auf dem Grabstein einer verheirateten Nauarchentochter erwähnt wird, die in Romagnieux in Südostfrankreich bestattet war. Da die Tochter den Familiennamen des Vaters trug, darf man annehmen, daß sie starb, nachdem der Vater ehrenvoll aus der Flotte entlassen und sein Bürgerrecht auch seinen Kindern verliehen worden war (vgl. oben S. 42 ff.).

Zeit: Spätes 2. Jahrhundert n. Chr.
FO: Romagnieux, Dép. Isère (F).
AO: Musée Gallo-Romain d'Aoste, Dép. Isère (F).
Publ.: CIL XII 2412.

Weihealtar für Neptunus aus dem Brohltal

NEPTVNO
C(aius) MARIVS MAXIMVS
(centurio) CLASS(is) GER(manicae) P(iae) F(idelis) PRO
SE ET SVIS COMMI
LITONIBVS QVI

SVB EO SVNT
V(otum) S(olvit) L(ibens) M(erito)

Dem Neptunus.
Caius Marius Maximus,
Centurio der Germanischen Flotte, der Pflichtgetreuen und Zuverlässigen, hat für
sich und seine Kamera-
den, die
unter ihm sind,
das Gelübde gern nach Verdienst (der Gottheit) eingelöst.

Der Centurio eines Schiffes war der militärische Kommandant. Deshalb nennen Flottensoldaten oft nicht ihr Schiff, sondern den Namen des Kommandanten zur näheren Bezeichnung ihrer Einheit. Sein Name weist Caius Marius Maximus als Mann mit latinischem Bürgerrecht aus, wie es für die Flotte üblich war (vgl. oben S. 42 ff.).

Zeit: Nach 89 n. Chr.
FO: Brohltal.
AO: Rheinisches Landesmuseum Bonn, Inv.-Nr. 42.34.
Publ.: Germania 6, 1922, 78 f. Nr. 1.

Weihealtar für Iuppiter und Hercules aus dem Brohltal

I(ovi) O(ptimo) M(aximo)
ET HERC(uli) SAX(ano)
VEXIL(latio) CL(assis) G(ermanicae) SV
B CVRA RVFRI
CALENI TR(ierarcho)
ET IVL(ii) [PR]IM(i) [- - -]
S(olvit) [V(otum)] L(ibens) M(erito)

Iuppiter, dem Besten und Größten,
und Hercules, dem Steinbrecher.
Die Sondereinheit der Germanischen Flotte
unter dem Befehl des Rufrius
Calenus, des Trierarchen,
und des Iulius Primus, ...
hat (ihr) Gelübde eingelöst, gern nach Verdienst (der Gottheit).

Wie bei den Legionen Detachements meist unter dem Kommando eines Centurio standen, führte hier bei der Flotte der Trierarch Rufrius Calenus das Sonderkommando. Der Dienstgrad des Iulius Primus hat sich leider nicht mehr sicher erhalten; der Rest der schräg ansteigenden Haste könnte jedoch der Rest eines Centurio-Zeichens sein. In diesem Fall hätten der nautische und der militärische Schiffskommandant gemeinsam die Vexillation geführt.

Zeit: Vor 89 n. Chr.
FO: Brohltal.
AO: Rheinisches Landesmuseum Bonn, Inv.-Nr. 35.1.
Publ.: CIL XIII 7719.

Weihealtar für Iuppiter aus Vechten

I(ovi) O(ptimo) M(aximo) V(otum)
S(olvit) L(ibens) M(erito)
C(aius) IVLIVS BIO
TRIERA(r)CHVS

Iuppiter, dem Besten und Größten. Das Gelübde
hat eingelöst, gern nach Verdienst (der Gottheit),
Caius Iulius Bio,
Trierarch.

Das römische Hilfstruppenlager Vechten bei Utrecht in den Niederlanden lag am Zusammenfluß von Rhein und Vecht.

Zeit: 1. Jahrhundert n. Chr.
FO: Vechten (NL).
AO: Provinciaal Oudheidkundig Museum Utrecht (NL).
Publ.:   CIL XIII 12086a.

Weihealtar für Castor aus Köln

CASTORI
SATVRNI
NVS TR(ierarchus)

Dem Castor.
Saturni-
nus, Trierarch, (hat den Altar geweiht).

Während die Nauarchen und Trierarchen sonst mit ihren vollen mehrteiligen Namen genannt sind, die ihr latinisches Bürgerrecht anzeigen, begnügte sich Saturninus mit der Angabe eines Namens. Vermutlich handelt es sich dabei um den Namen, den er vor Eintritt in die Flotte und der damit verbundenen Änderung seines Namens trug (siehe oben S. 42 ff.).

Zeit: Endes des 2./Anfang des 3. Jahrhunderts n. Chr.
FO: Köln-Alteburg.
AO: Verschollen.
Publ.:   CIL XIII 8168.

Grabstein für T. Aurelius Provincialis aus Bad Münstereifel

D(is) M(anibus)
T(ito) AVR(elio) PROVIN
CIALI VETERANO TRI(erarcho)
EX CL(asse) G(ermanica) P(ia) F(ideli)
H(eres) F(aciendum) C(uravit)

Den Totengöttern.
Dem Titus Aurelius Provin-
cialis, Veteran (und ehemaliger) Trierarch
aus der Germanischen Flotte, der Pflichtgetreuen und Zuverlässigen.
Der Erbe hat das Anfertigen (des Steines) besorgt.

Nach Ablauf seiner Dienstzeit von mindestens 26 Jahren erhielt Titus Aurelius Provincialis das römische Bürgerrecht. Er ließ sich als Pensionär anscheinend in der Umgebung des heutigen Ortes Bad Münstereifel nieder.

Zeit: Nach 89 n. Chr.
FO: Bad Münstereifel.
AO: Verschollen.
Publ.:   CIL XIII 7941.

DIE SCHIFFSBESATZUNG

Alle Besatzungsmitglieder eines Kriegsschiffes galten bei den Römern als Soldaten. Neben ihren normalen Aufgaben im aktuellen Kriegseinsatz übte eine Reihe von Flottensoldaten spezielle Tätigkeiten aus. Beim militärischen Kommando hatte der *Centurio classicus* einen *Optio* als Stellvertreter, unter dem wiederum der *Suboptio* stand. Die Schiffsstandarte, das Vexillum, trug der *Vexillarius*. Für die akustische Signalgebung waren drei Leute zuständig: der *Tubicen*, der *Cornicen* und der *Bucinator*. Zur rein militärischen Besatzung ist außerdem der *Armorum custos* zu rechnen, der die Aufsicht über die Waf-

fen der Soldaten führte. Dem *Trierarchus* stand ein *Adiutor trierarchi* zur Seite. Die Navigation lag in den Händen eines *Mathematicus trierarchi*, während das Bedienen der Steuerruder Aufgabe des *Gubernator* war. Der *Proreta* stand vorne im Schiff (Prora) und warnte vor Untiefen und anderen Gefahren. Damit die Ruderer im gleichen Takt blieben, wurde die Geschwindigkeit durch Taktschläger, *Pausarius* und *Pitulus*, angegeben. Der *Strigilarius* oder *Subunctor* sorgte dafür, daß die Ruderer mit Öl eingerieben wurden, um sie vor Sonnenbrand zu schützen. Die Tätigkeit eines Lademeisters nahm der *Nauphylax* wahr. Wie heute noch gab es auch in der Antike an Bord einen Arzt, den *Medicus*, und einen Schiffshandwerker, den *Faber*. Außerdem verfügte ein römisches Kriegsschiff über ein eigenes Verwaltungsbüro, zu dem ein *Librarius* als Rechnungsführer, ein *Scriba* bzw. *Exceptor* als Schreiber und ein *Viator* als Bote gehörten. Für religiöse Zeremonien, die z. B. für das Wohlergehen des Schiffes und seiner Besatzung oder das Flottenvorhaben von Wichtigkeit sein sollten, gab es besonderes Personal. Der *Victimarius*, ein Opferdiener, assistierte den Opfernden am Schiffsaltar. Ob der *Coronarius* seine Kränze nur für solche Anlässe band oder das ganze Schiff bekränzte, wenn es in den Hafen einlief, ist ungewiß. Den Mannschaftsstand auf einem römischen Kriegsschiff bildeten die Ruderer bzw. die einfachen Soldaten. Auch die übrigen, mit besonderen Aufgaben betrauten Besatzungsmitglieder gehörten als Immunes dazu, mit Ausnahme des militärischen und des nautischen Kommandanten, die beide Offiziere waren.

Wandbild: Die Schiffsbesatzung

Grabstein des Q. Statius Rufinus aus Athen (Abb. 36)

D(is) M(anibus)
Q(uintus) STATIVS RVFINVS M(iles) CLASSIS PR(aetoriae)
M(isenensis) > (centuria) CLAVDI(i) INGE(n)VI AN(norum) XXXVIII M(ilitavit) AN(nos) XVIII

Den Totengöttern.
Quintus Statius Rufinus, Soldat der Praetorischen Flotte
von Misenum, aus der Centurie des Claudius Ingenuus, an Jahren 38, hat gedient 18 Jahre.

Zeit: 2.-3. Jahrhundert n. Chr.
FO: Athen, bei der Kirche Hagia Triada (GR).
AO: Archäologisches Nationalmuseum Athen (GR)/Rom (I), Museo della Civiltà Romana, Inv.-Nr. 953.
Publ.: CIL III 556a.

Grabstein des L. Octavius aus Köln

L(ucius) OCTAVIVS
L(uci) F(ilius) ELAITES GVB
ERNATOR ANN(orum)
LVIII STIP(endiorum) XXXIIII
H(ic) S(itus) E(st) DIONYSIVS
PLESTHARCHI F(ilius) TRA
LLIANVS SCRIBA
PRO MERITO

Lucius Octavius,
des Lucius Sohn aus Elaia, Steuermann, an Jahren
58, an Dienstjahren 34,
ist hier begraben. Dionysius,
des Plestharchus Sohn, aus Tralleis, Schreiber,
(hat den Grabstein) wegen (dessen) Verdienst (setzen lassen).

Abb. 36 Grabstein des Q. Statius Rufinus. Athen, Archäologisches Nationalmuseum/Rom, Museo della Civiltà Romana.

Lucius Octavius stammte aus Elaia an der Westküste Kleinasiens. Die Heimat des Schreibers Dionysius, die Stadt Tralleis, liegt ebenfalls im westlichen Kleinasien. Während Lucius Octavius, der Verstorbene, mit seinem offiziellen lateinischen Namen genannt wird, bezeichnet sich sein Freund Dionysius mit seinem alten griechischen Namen, zu dessen genauerer Bestimmung er den Namen seines Vaters, Plestharchus, hinzufügt.

Zeit: Erste Hälfte des 1. Jahrhunderts n. Chr.
FO: Köln-Marienburg.
AO: Römisch-Germanisches Museum Köln, Inv.-Nr. 24, 334.
Publ: CIL XIII 8323.

Grabstein des Horus aus Köln

HORVS PABEC
I F(ilius) PRORETA AL
EXSANDRIN
VS EX CLASSE
ANN(orum) LX MILIT
AVIT ANN(os) [- – -]

Horus, des Pabecus
Sohn, Proreta, ein
Alexandri-
ner, aus der Flotte,
an Jahren 60, hat
gedient ... Jahre.

Der aus Alexandria stammende Horus ließ sich auf seinem Grabstein lieber mit seinem ägyptischen Geburtsnamen nennen, dem er nach peregrinem Brauch den Vatersnamen anhängte, als mit seinem bei Eintritt in die Germanische Flotte erworbenen neuen lateinischen Namen. Die Aufgabe eines Proreta bestand darin, vorn im Bug eines Schiffes zu stehen und den hinten sitzenden Rudergänger vor Untiefen, Treibgut u.ä. zu warnen und ihm zu helfen, das Schiff auf Kurs zu halten.

Zeit: Erste Hälfte des 1. Jahrhunderts n. Chr.
FO: Köln.
AO: Römisch-Germanisches Museum Köln, Inv.-Nr. 5.
Publ.: CIL XIII 8322.

Weihealtar für die Matres aus Andernach

MATRIBVS
SVIS
SIMILIO MIL
ES EX C(l)ASSE GE
RMANICA P(ia) F(ideli) D(omitiana)
PLER(omate) CRESIMI
V(otum) S(olvit) L(aetus) L(ibens) M(erito)

Seinen
Matres.
Similio, Sol-
dat aus der Germanischen Flotte,
der Pflichtgetreuen und Zuverlässigen, Domitianischen,
aus der Mannschaft des Cresimus,
hat (sein) Gelübde eingelöst, freudig (und) gern nach Verdienst (der Gottheiten).

Auf dem Altar, der einheimischen Muttergottheiten geweiht ist, nennt sich Similio nicht mit seinem offiziellen lateinischen Namen, sondern mit seinem ursprünglichen Geburtsnamen. Als er den Altar setzen ließ, trug die Flotte noch den Beinamen Domitiana nach dem Kaiser Domitianus (82-96 n. Chr.), der nach dessen Tod und

Ächtung getilgt werden mußte. Cresimus, der nur mit seinem Beinamen genannt wird, dürfte der nautische Kommandant von Similios Schiff gewesen sein, sonst hätte er seine Einheit nicht als Pleroma, sondern als Centuria bezeichnet.

Zeit: 89-96 n. Chr.
FO: Andernach.
AO: Rheinisches Landesmuseum Bonn, Inv.-Nr. U 61.
Publ.: CIL XIII 7681.

Grabstein des Aemilius aus Köln

AEMILIO SAE
NI F(ilio) MIL(iti) EX CLASSE
G(ermanica) P(ia) F(ideli) PL(eromate) EVHODI N(auarchi) CI
VI DVMNONIO AN(norum)
[– – –]

Dem Aemilius, des Sae-
nus Sohn, Soldat aus der Germanischen Flotte,
der Pflichtgetreuen und Zuverlässigen, aus der Mannschaft des Euhodius, des Nauarchen,
Dumnonischer Bürger, an Jahren
...

Der Soldat Aemilius gehörte zum Stamm der Dumnonen. Sie siedelten im Südwesten von England, im heutigen Cornwall und Devon. Er und sein Vater hatten kein römisches Bürgerrecht, waren also Peregrine (vgl. oben S. 41 ff.). Er selbst erhielt jedoch mit Eintritt in die Flotte latinisches Bürgerrecht und damit den lateinischen Familiennamen Aemilius. Weil sein Kapitän als Nauarch und nicht als Trierarch bezeichnet wird, muß Aemilius Besatzungsmitglied eines größeren Schiffes gewesen sein.

Zeit: Nach 89 n. Chr.
FO: Köln, Severinskirche.
AO: Römisch-Germanisches Museum Köln, Inv.-Nr. 50, 315.
Publ.: 3. Nachtrag CIL XIII. Ber. RGK 40, 1959, Nr. 216.

Grabstein aus Brühl-Vochem

[– – –]
[MILE]S EX CLASSE
[QVAE] EST IN GERMA
[NI]A H(ic) S(itus) E(st)
[P]AMP(h)ILVS ET
[C(h)]RYSEROS D(e) S(ua) P(ecunia) P(osuerunt)

...
Soldat aus der Flotte,
die in Germa-
nien ist, ist hier begraben.
Pamphilus und
Chryseros haben von ihrem Geld (den Grabstein) gesetzt.

Daß Pamphilus und Chryseros, die beide griechische Namen tragen, Kameraden des Flottensoldaten waren, möchte man vermuten.

Zeit: Vor 89 n. Chr.
FO: Brühl-Vochem.
AO: Rheinisches Landesmuseum Bonn, Inv.-Nr. 24 452.
Publ.: CIL XIII 12047.

Grabstein des L. Valerius Verecundus aus Köln-Alteburg

L(ucio) VAL(erio) VEREC
VNDO RVT(eno)
MIL(iti) COH(ortis) I CLASS
ICAE (centuria) INGENV(i)
ANN(orum) XXV STIP(endiorum) IIII
[H(eres) E]X T(estamento) F(aciendum) C(uravit)

Dem Lucius Valerius Vere-
cundus, Rutener,
Soldat der 1. Cohorte (mit Beinamen) Classica, aus der Centurie des Ingenuus,
an Jahren 25, an Dienstjahren 4.
Der Erbe hat gemäß Testament das Anfertigen (des Grabsteins) besorgt.

Die wenigen Cohortes Classicae des römischen Heeres wurden offenbar zunächst aus der Flotte heraus als Truppenteile aufgestellt. Die Cohors I Classica ist wohl unter Augustus aus römischen Bürgern zusammengestellt worden, die in der bei Actium (31 v. Chr.) besiegten Flotte des Antonius gedient hatten. Dieses Geschwader, das zunächst in Südfrankreich lag, scheint vor 22 v. Chr. weitgehend aufgelöst worden zu sein. Wann die Cohorte an den Niederrhein verlegt wurde, ist nicht bekannt. Auf einem Militärdiplom aus dem Jahre 80 n. Chr. wird sie als Teil des niedergermanischen Heeres erwähnt. Lucius Valerius Verecundus war Kelte aus dem Stamm der Rutener in Südfrankreich. Wie er in den Besitz des latinischen Bürgerrechts, das sein Name anzeigt, gelangt ist, bleibt unklar. Möglicherweise wurde es den Soldaten der Cohortes Classicae im 1. Jahrhundert n. Chr. weiterhin gegeben, da diese Truppen aus der Flotte, wo solche Verleihungen üblich waren, hervorgegangen sind.

Zeit: Vor 89 n. Chr.
FO: Köln-Alteburg, Ulmenallee, Ecke Bayenthalgürtel.
AO: Römisch-Germanisches Museum Köln, Inv.-Nr. 664.
Publ.: CIL XIII 12061.

Grabstein des M. Iulius Sabinianus aus Athen (Abb. 37)

D(is) M(anibus)
M(arcus) IVLIVS SABINIANVS MILES
EX CLAS(se) PRAETORIAE MISENENSIS
(centuria) ANTONI(i) PRISCI VIXIT ANNIS XXX
MILITAVIT ANNIS VIII NATIO(ne) BES(s)VS

Den Totengöttern.
Marcus Iulius Sabinianus, Soldat
aus der Praetorischen Flotte von Misenum,
aus der Centurie des Antonius Priscus, hat gelebt 30 Jahre
(und) gedient 8 Jahre; (er war) von Geburt ein Bessus.

Der Stamm der Bessi lebte in Thrakien, dem heutigen inneren Bulgarien. Mit Eintritt in die Flotte legte dieser Mann seinen thrakischen Namen ab und führte, da er nun Bürger latinischen Rechts war, offiziell einen lateinischen Namen. Zur näheren Bestimmung seiner Einheit gab er den Namen seines militärischen Schiffskommandanten, des Centurio, an.

Zeit: 2.-3. Jahrhundert n. Chr.
FO: Athen, bei der Kirche Hagia Triada (GR).
AO: Archäologisches Nationalmuseum Athen (GR)/Rom (I), Museo della Civiltà Romana, Inv.-Nr. 958.
Publ.: CIL III 6109.

Abb. 37 Grabstein des M. Iulius Sabinianus. Athen, Archäologisches Nationalmuseum/Rom, Museo della Civiltà Romana.

Auf einer römischen Militärwerft führte ein *Optio navaliorum* die Aufsicht, während der *Ergodota* die Leute zur Arbeit einteilte. Neben dem Schiffsbauer, dem *Naupegus*, gab es als Spezialisten noch den *Naupegus aupiciarius*, der für das Kalfatern und den Außenanstrich mit Pech (pix) sorgte. *Faber* nannten sich sowohl ein Schmied als auch ein Schiffshandwerker allgemein; der eigentliche Schiffszimmermann hieß *Dolabrarius*, weil er mit der Dolabra, einem dechselartigen Werkzeug, arbeitete. Damit wurden z. B. die Spanten zugerichtet. Die Segel stellte der *Velarius* her. Zuständig für die Planung und Instandhaltung der Hafenanlagen und -gebäude war der *Architectus*; der *Caementarius*, der Maurer, führte seine Anweisungen aus. Alle auf einer Militärwerft Beschäftigten waren Soldaten mit besonderen Aufgaben, also vom normalen Dienst befreite Immunes.

Wandbild: Der Werftbetrieb

Weihealtar für Iuppiter und Iuno aus Mainz

I(ovi) O(ptimo) M(aximo)
ET IVNONI
REGINAE
T(itus) ALBANIVS
PRIMANVS SIG(nifer)
LEG(ionis) XXII PR(imigeniae) P(iae) F(idelis)
OPTIO NAVA
LIORVM PRO
SE ET SVIS
V(otum) S(olvit) L(aetus) L(ibens) M(erito)
MATERNO ET
BRADVA CO(n)S(ulibus)

Iuppiter, dem Besten und Größten,
und Iuno
Regina.
Titus Albanius
Primanus, Signifer
der 22. Legion, der Primigenischen (= der unter dem Schutz der Fortuna Primigenia stehenden), Pflichtgetreuen und Zuverlässigen,
Optio Nava-
liorum, hat für
sich und die Seinen
das Gelübde eingelöst, freudig (und) gern nach Verdienst (der Gottheiten)
(in dem Jahr), als Maternus und
Bradua Consuln (waren).

Titus Albanius Primanus war als Angehöriger der in Mainz stationierten 22. Legion römischer Bürger. Er setzte den Altar wohl aus Dank für seine Beförderung zum Fahnenträger; zuvor hatte er als Optio Navaliorum die Aufsicht über die Werften geführt. Aus der Inschrift geht hervor, daß die 22. Legion über Werften in Mainz verfügte, d. h., ein eigenes, von der germanischen Flotte unabhängiges Schiffskontingent besaß.

Zeit: 185 n. Chr.
FO: Mainz, Zollturm an der Bockspforte.
AO: Verschollen.
Publ.: CIL XIII 6714.

Weiheinschrift für Iuppiter und den Genius Loci auf einer Statuenbasis aus Mainz

I(ovi) O(ptimo) M(aximo)
ET GENIO LOCI
L(ucius) SEPTIMIVS BELLVS
SIG(nifer) LEG(ionis) XXII PR(imigeniae)
OPTIO NAVAL(iorum)
V(otum) S(olvit) L(aetus) L(ibens) M(erito)
SATVRNINO ET
GALLO CO(n)S(ulibus)

Iuppiter, dem Besten und Größten
und dem Genius des Ortes.
Lucius Septimius Bellus,
Signifer der 22. Legion, der Primigenischen,
Optio Navaliorum,
hat (sein) Gelübde eingelöst, freudig und gern nach Verdienst (der Gottheiten)
(in dem Jahr), als Saturninus und
Gallus Consuln (waren).

Zeit: 198 n. Chr.
FO: Mainz, Zollturm am Bockstor.
AO: Verschollen.
Publ.:   CIL XIII 6712.

Grabstein des M. M... M...aus Mainz

D(is) M(anibus)
M(arco) M(...) M(...)
VETERAN
O LEG(ionis) XXII P(rimigeniae)
P(iae) F(idelis) NAVPEGO
ET FIL(io) IANVA
RIO P(onendum) CVRA
VIT QVARTA
SATVRNINA
CONIVX IN
SVO SIBI

Den Totengöttern.
Dem Marcus M... M...
Veteran
der 22. Legion, der Primigenischen,
Pflichtgetreuen und Zuverlässigen, Schiffsbauer,
und dem Sohn Ianua-
rius hat das Aufstellen (des Grabsteins) besorgt Quarta
Saturnina,
die Ehefrau, auf
ihrem (Grund und Boden zugleich auch) für sich selbst.

Der Tote wird auf dem Grabstein nur mit seinen Initialen genannt. Sein vollständiger Name bleibt für uns heute unbekannt.

Zeit: 2. Jahrhundert n. Chr.
FO: Mainz, bei der Zitadelle.
AO: Landesmuseum Mainz, Inv.-Nr. S 95.
Publ.:   Selzer, Römische Steindenkmäler (1988) Nr. 64.

Grabplatte aus Köln-Meschenich

[– – –]
C(lassis) G(ermanicae) P(iae) F(idelis)
VERVS VELA(rius)
AMICVS F(aciendum)
CVRAVIT

...
der Germanischen Flotte, der Pflichtgetreuen und Zuverlässigen.
Verus, Segelmacher,
(sein) Freund, hat das Anfertigen (des Grabsteines)
besorgt.

Der Teil der Inschrift mit Namen und Dienstgrad des Toten ist heute verloren. Man kann nur noch sagen, daß er in der Germanischen Flotte gedient hat.

Zeit: Nach 89 n. Chr.
FO: Köln-Meschenich.
AO: Rheinisches Landesmuseum Bonn, Inv.-Nr. 3302.
Publ.:   CIL XIII 8160.

Grabplatte des Cassius aus Köln

CASSIVS
VELARIVS
[CLAS]S(is) GER(manicae) P(iae)
F(idelis) AN(norum) L STI(pendiorum) XXVIIII
COMITA CO(n)IVX
EX T(estamento) F(aciendum) C(uravit)

Cassius,
Segelmacher
der Germanischen Flotte, der Pflichtgetreuen und
Zuverlässigen, an Jahren 50, an Dienstjahren 29.
Comita, die Ehefrau,
hat gemäß Testament das Anfertigen (des Grabsteines) besorgt.

Wie alle Flottenangehörigen besaß Cassius latinisches Bürgerrecht, was sich in dem Familennamen Cassius ausdrückt; seine Frau war wohl eine Peregrine (vgl. oben S. 42 ff.).

Zeit: Nach 89 n. Chr.
FO: Köln.
AO: Verschollen.
Publ.:   CIL XIII 8321.

Weihealtar für Minerva aus Andernach

[M]IN[IIRVAII]
[D]OLABRARII
[///]
[C]LASSIS AVG(ustae)
[G]IIR(manicae) P(iae) FIID(elis)
V(otum) S(olverunt) L(aeti) L(ibentes) M(erito)

Der Minerva.
Die Dolabrarii
...

der Kaiserlichen
Germanischen Flotte, der Pflichtgetreuen und Zuverlässigen,
haben (ihr) Gelübde eingelöst, freudig (und) gern nach Verdienst (der Gottheit).

Die Dolabrarii waren Handwerker, die mit der Dolabra arbeiteten, einer Doppelaxt, deren eines Ende quergestellt war. Sie waren wohl Schiffszimmerleute. Die 3. Zeile ist in der Antike getilgt worden.

Zeit: Nach 89 n. Chr.
FO: Andernach.
AO: Rheinisches Landesmuseum Bonn, Inv.-Nr. U 15.
Publ.:   CIL XIII 7723.

Weihealtar für Iuppiter aus Obernburg

I(ovi) O(ptimo) M(aximo)
DOLICHEN(o) PR[O]
SALVTE DD(ominorum) NN(ostrorum)
AVGG(ustorum) VEXILL(atio) LEG(ionis)
XXII PR(imigeniae) P(iae) F(idelis) AGENT(ium)
IN LIGNAR(iis) SVB
CLOD(io) CAERELLIO
(centurione) LEG(ionis) I PART(hicae) CV
RAM AGENT(e) MAIOR(io)
VRBANO OPTIONE
[A]LB[IN]O ET AEMIL[IANO] CO(n)S(ulibus)

Iuppiter, dem Besten und Größten,
Dolichenus, zum
Heil unserer (beiden) Herren,
der Kaiser. Die Sondereinheit der 22. Legion,
der Primigenischen, Pflichtgetreuen und Zuverlässigen, (abkommandiert)
zu den Holzfällern unter
Clodius Caerellius,
Centurio der 1. Parthischen Legion, wobei den (direkten) Befehl innehatte Maiorius
Urbanus, Optio, (hat den Altar gestiftet)
(in dem Jahr), als Albinus und Aemilianus Consuln (waren).

Sondereinheiten (Vexillationes), die zum Holzfällen eingesetzt waren, sind nur selten inschriftlich erwähnt. Um so mehr fallen die Inschriften von Vexillationen der 22. Legion im Odenwald auf. Da diese Legion in Mainz über Werften verfügte, werden die Kommandos kein normales Bauholz, sondern Eichen für den Schiffsbau geschlagen haben. Die Stämme sind anschließend mainabwärts nach Mainz geflößt worden. Solche Detachements regulärer Truppenteile standen meist unter dem Kommando eines Offiziers, eines Centurio. Bei den beiden in der Inschrift erwähnten Kaisern handelt es sich um Septimius Severus und seinen zum Mitregenten erhobenen Sohn Caracalla.

Zeit: 206 n. Chr.
FO: Obernburg.
AO: Museum Obernburg.
Publ.:   3. Nachtrag CIL XIII. Ber. RGK 40, 1959, Nr. 151.

Weihealtar für Iuppiter aus Obernburg

IN H(onorem) D(omus) D(ivinae) I(ovi) O(ptimo) M(aximo)
DOLICHENO
VEXIL(latio) LEG(ionis) XXII
PR(imigeniae) P(iae) F(idelis) AGENTIVM
IN LIGNARI(i)S
SVB PRINCIPE T(ito)

VOLVSINIO
SABINO ET HO
NORATIO DENTILLANO OPT(ione)
APRO ET MAXI
MO CO(n)S(ulibus)

Zur Ehre des Göttlichen (Kaiser-)Hauses dem Iuppiter, dem Besten und Größten,
Dolichenus.
Die Sondereinheit der 22. Legion,
der Primigenischen, Pflichtgetreuen und Zuverlässigen, (abkommandiert)
zu den Holzfällern
unter dem Princeps Titus
Volusinius
Sabinus und Ho-
noratius Dentillanus, dem Optio, (hat den Altar gestiftet)
(in dem Jahr), als Aper und Maxi-
mus Consuln (waren).

Centurionen, die Sondereinheiten führten, nannten sich Praepositus oder – allerdings sehr viel seltener – Princeps.

Zeit: 207 n. Chr.
FO: Obernburg.
AO: Museum Obernburg.
Publ.:   CIL XIII 6623.

Weihealtar für Iuppiter, Silvanus und Diana aus Trennfurt

I(ovi) O(ptimo) M(aximo)
SILVANO CO
NS(ervatori) DIANAE
AVG(ustae) VIXILL(atio) LEG(ionis)
XXII P(rimigeniae) P(iae) F(idelis) ANTONINI(anae)
AG(entium) IN LIGNARI(i)S SVB
CVR(a) MAMERTIN(i)
IVSTI OPT(ionis) D(edicavit) II ASPR(is)
CO(n)S(ulibus)

Iuppiter, dem Besten und Größten, (und)
Silvanus, dem Be-
wahrer, (und) Diana,
der Erhabenen. Die Sondereinheit der 22. Legion,
der Primigenischen, Pflichtgetreuen und Zuverlässigen, Antoninischen,
(abkommandiert) zu den Holzfällern unter
dem (direkten) Befehl des Mamertinius
Iustus, Optio, (hat den Altar) geweiht (in dem Jahr), als die beiden Asper
Consuln (waren).

Zeit: 212 n. Chr.
FO: Trennfurt am Main.
AO: Im Eingang der Trennfurter Kirche eingemauert.
Publ.:   CIL XIII 6618.

Weihealtar für Iuppiter aus Stockstadt

I(ovi) O(ptimo) M(aximo) [DOLICH]
ENO VE[XIL(latio) LEG(ionis) XXII]
PR(imigeniae) ANT[ONINIAN(ae)]
P(iae) F(idelis) AGEN[TIVM IN LI]

GNA(riis) S(ub) P(rinicipe) [- – -]
SVB CVR[A [- – -]
I CELSI O[PT(ionis) LEG(ionis) S(upra)]
S(criptae) MESSA[LLA ET]
SABIN[O CO(n)S(ulibus)]

Iuppiter, dem Besten und Größten, Doliche-
us. Die Sondereinheit der 22. Legion,
der Primigenischen, Antoninischen,
Pflichtgetreuen und Zuverlässigen, (abkommandiert) zu den Holzfällern unter dem Princeps ...,
unter dem (direkten) Befehl des ...
ius Celsus, Optio der oben
genannten Legion, (hat den Altar gestiftet in dem Jahr,) als Messalla und
Sabinus Consuln (waren).

Zeit: 214 n. Chr.
FO: Stockstadt.
AO: Saalburgmuseum.
Publ.: CIL XIII 11781.

Die Hierarchie in der römischen Marine (Farbtafel 6)

Das Flottenpersonal gliederte sich in drei große Gruppen: den Mannschaftsstand, den Offiziersstand und die Admiralität. Die Masse des Mannschaftsstandes wurde von den Ruderern bzw. Marinesoldaten, beide als *Milites* bezeichnet, gestellt. Neben ihnen standen die *Immunes* – Männer, die, vom normalen Flottendienst befreit, mit besonderen Aufgaben betraut waren. Über den Sold des Mannschaftsstandes der Flotte haben wir keine Angaben. Entsprechend dem Bemühen, durch rechtliche Sonderstellung für die Angeworbenen den Dienst in der Flotte attraktiv zu machen, wird man annehmen dürfen, daß auch die Bezahlung günstig war. Ebenso wie die Spezialeinheiten bei den Hilfstruppen – die Reiterei – wird man auch die Flottenmannschaft wie Legionäre besoldet haben. Danach bekamen sie dann seit 84 n. Chr. 1200 Sesterzen jährlich – ein Sold, der erst vom Ende des 2. Jahrhunderts an mehrfach erhöht wurde. Mannschaften wie die mit besonderen Aufgaben betrauten Immunes konnten bei persönlichem Einsatz nach Maßgabe freier »Planstellen« anderthalbfachen oder doppelten Sold beziehen, d. h. 1800 bzw. 2400 Sesterzen. Sie wurden dann *Sesquiplicarius* bzw. *Duplicarius* genannt. Allein die Flottenärzte erhielten, sicherlich wegen ihrer speziellen Befähigung, stets doppelten Sold. Der Offiziersstand umfaßte ebenso die militärischen wie nautischen Kommandanten. Nach Dienstalter und Größe der unterstellten Einheiten waren sie in drei Ränge gegliedert, die sich in der Besoldung stark unterschieden. Der unterste Rang – *Ordo primus* – erhielt jährlich 14400, der zweite – *Ordo secundus* – 28800 und der dritte – *Ordo tertius* – 57600 Sesterzen. Die hohe Besoldung der Offiziere des dritten Ranges erklärt wohl, warum sie bei kleineren Flotten nicht nachzuweisen sind. Auch die Admiralität – die Kommandeure der Flotten, die *Praefecti*, – hatte unterschiedliche Ränge. Den niedrigsten besaßen die Kommandeure von selbständig operierenden Flottenteilen mit besonderen Aufgaben. Zu ihnen zählte der Kommandeur der aus Teilen der Flotten Syriens und Ägyptens gebildeten Einheit, die in Cherchel (Algerien) lag. Sie wurden wie Offiziere des dritten Rangs mit 57600 Sesterzen besoldet. Die Kommandeure der Flotten von Pannonien, Moesien, Syrien und Ägypten bezogen jeweils 60000 Sesterzen Jahressold. Die Kommandeure der Flotten in Britannien, Germanien und dem Pontus, offenbar größere Verbände, erhielten 100000 Sesterzen. Herausragend besoldet wurden die Kommandeure der Flotten Italiens in Ravenna und Misenum bei Neapel. Sie bekamen 200000 Sesterzen. Von diesen zwei Flotten hatte die in Misenum das höhere Ansehen, wie die mehrfach belegte Versetzung von Kommandeuren der Ravenna-Flotte nach Misenum anzeigt. Entsprechend ihrer Größe besaßen diese beiden Flottenkommandeure offizielle Stellvertreter – die *Subpraefecti* -, die mit 60000 Sesterzen besoldet wurden.

Während sich der Mannschaftsstand durchweg aus den Reichsangehörigen ohne römisches Bürgerrecht, den Peregrini, rekrutierte, gehörte die Admiralität zur römischen Aristokratie, dem Ritterstand, der im Rang unmittelbar den Senatoren folgte. Dagegen war die Zusammensetzung des Offiziersstandes vielschichtig. Hier trafen Aufsteiger aus dem Mannschaftsstand mit römischen Bürgern, die im Zuge ihrer Soldatenkarriere zur Flotte versetzt worden waren, und jungen Männern des Ritterstandes zusammen, die hier ihre Laufbahn begannen.

Wandbild: Die Hierarchie in der römischen Marine

HAFENANLAGEN DER RÖMISCHEN FLOTTEN

Während wir von der Struktur der Befestigungen des römischen Landheeres dank zahlreicher Ausgrabungen eine umfassende Vorstellung besitzen, sind unsere Kenntnisse von den Installationen der römischen Flotten vergleichsweise gering. Zum einen liegt dies daran, daß die Zahl der Flottenstützpunkte nicht allzu groß gewesen ist, zum anderen waren deren Erhaltungsbedingungen durch ihre Lage am Wasser häufig ungünstig. Dennoch vermitteln die wenigen ausgegrabenen Plätze eine gewisse Vorstellung von den Standorten.

Wandbilder: Lageplan und Rekonstruktionen der Uferkastelle von Haltern und Velsen sowie der Häfen von Köln-Alteburg, Apollonia und Misenum

DAS UFERKASTELL VON HALTERN

Im Rahmen der Feldzüge in das rechtsrheinische Germanien seit dem letzten Jahrzehnt v. Chr. errichteten die Römer auf der Terrasse über dem Lippetal bei Haltern einen stark befestigten Stützpunkt. Zu ihm gehörte eine kleinere Befestigung, unmittelbar am Ufer der Lippe gelegen. Eine Holz-Erde-Mauer mit vorgelagerten Gräben schützte das Areal zur Landseite hin. Das Flußufer innerhalb des Lagers war zu einer Kaianlage ausgebaut. Im Westteil des Lagers, abgegrenzt durch eine massive Umzäunung, standen acht aneinandergebaute lange Hallen. Ihre innere Konstruktion sowie Spuren von Schleppwegen machen deutlich, daß es sich bei diesen Bauten um Schiffshäuser handelte, in die vor allem während der Wintermonate die Schiffe des Geschwaders, das hier stationiert war, gezogen wurden. Der größere Ostteil des Lagers zeigte keine Spuren fester Bebauung. Man muß davon ausgehen, daß die Flottensoldaten bei ihrem Aufenthalt in Zelten gewohnt haben.

DAS KASTELL VON VELSEN (FARBTAFEL 7)

Das Lager von Velsen, am Wasserweg vom Niederrhein zur Nordsee gelegen, entstand im Zuge der römischen Flottenvorstöße zur Norddeutschen Küste. Anders als das Lager von Haltern wurde diese Befestigung jedoch nicht im Jahr 9 n. Chr. mit der Niederlage des Varus aufgegeben, sondern blieb bis zur Mitte des 1. Jahrhunderts in Benutzung. Die großflächigen Ausgrabungen in Velsen 1 von J. Morel haben die Befestigung mit der ausgedehnten Hafenanlage aufgedeckt. Lange vom Uferkai in das Wasser vorgebaute Pieranlagen zeigen, daß hier Anlegeplätze für eine größere Anzahl von Schiffen benötigt wurden. Ein langer Pier außerhalb der Befestigung wird dem zivilen Schiffsverkehr gedient haben. Eine massiv fundamentierte Plattform, im Uferbereich am Südostende der Holz-Erde-Mauer gelegen, vom Ausgräber als Geschützplattform zur Flankensicherung der Anlage erklärt, kann auch einen Leuchtturm getragen haben, der den Schiffen den Weg durchs Ijsselmeer zum Hafen gewiesen hat.

Im Flottenstützpunkt von Velsen fanden sich wiederum außer einem einzelnen Hausgrundriß keine Spuren fester Bebauung, so daß auch hier die Flottensoldaten während ihrer Aufenthalte wohl in Zelten lebten.

DAS LAGER VON KÖLN-ALTEBURG

Bei dieser Befestigung mit dichter Innenbebauung handelt es sich wohl um das Hauptquartier der Germanischen Flotte, das nach dem Ende der römischen Angriffskriege in das rechtsrheinische Gebiet entstand. Das Lager blieb in dieser Funktion bis in die zweite Hälfte des 3. Jahrhunderts in Benutzung. Eng aneinander gereiht füllen lange Kasernenbauten den Innenraum und zeigen an, daß – anders als in den Uferkastellen – hier ständig Flottensoldaten stationiert gewesen sind. Der zugehörige Hafen für die Kriegsschiffe lag mit hoher Wahrscheinlichkeit in einer Seitenbucht des Rheins vor dem Nordtor des Kastells, die durch einen Seitenarm mit dem Strom verbunden war. An den Ufern dieses natürlichen Hafenbeckens werden die üblichen Installationen – Werften, Schiffshäuser und Magazine – gestanden haben.

DER HAFEN VON APOLLONIA (FARBTAFEL 7)

Zusammenhängende archäologische Untersuchungen zu Standorten der römischen Mittelmeerflotten fehlen bisher. Allerdings lassen die topographischen Beobachtungen es zu, gewisse Gemeinsamkeiten für diese Häfen zu erkennen. Für ihre Anlage wurden natürliche Buchten an der Meeresküste genutzt, die durch Einbauten gegliedert waren. Dabei suchte man vor allem solche Lagen, die neben einem inneren Hafenbecken den Ausbau eines Vorhafens ermöglichten.

Wenn auch nicht als Kriegshafen konzipiert, vermittelt der Hafen von Apollonia in Libyen die umfassendste Vorstellung einer antiken Anlage am Mittelmeer, da – durch eine Küstensenkung wenige Meter unter Wasser geraten – sich dort die Bebauung gut erhalten hat. In ihren Grundzügen werden sich die Installationen nicht von denen der Flottenstützpunkte unterschieden haben. Um das innere Hafenbecken, das ein aus Steinen erbauter Kai umfaßte, lagen im Norden und Westen die Schiffshäuser, neben denen sicherlich Werftbetriebe arbeiteten. An der Südseite schufen schmale Piers zusätzliche Anlegen. Möglicherweise war die Ausfahrt vom befestigten inneren Hafen in den östlich gelegenen Vorhafen durch einen Schleusenkanal geschützt, der den Innenhafen vom Tidenhub unabhängig machte. Der Vorhafen, an dessen nördlicher Einfahrt ein Leuchtturm stand, bot einer größeren Anzahl von Schiffen Schutz vor der unmittelbaren Einwirkung des Meeres.

DER KRIEGSHAFEN VON MISENUM

Das Gebiet von Misenum bildet den westlichen Abschluß des Golfes von Neapel. Hier lag das Hauptquartier der Misenischen Flotte, der bedeutendsten des Römischen Reiches. Obwohl bisher keine Ausgrabungen im Bereich des Hafens vorgenommen worden sind, ist es doch möglich, unter Heranziehung der Befunde von anderen Plätzen eine ungefähre Vorstellung von seinem Aussehen zu gewinnen. Der nach Westen gelegene innere Hafenbereich wird danach von den Kaianlagen, Schiffshäusern und Werftbetrieben umgeben gewesen sein. An seinem Nordufer muß man das eigentliche Militärlager mit den Kasernenbauten für die Flottensoldaten suchen, das seiner Struktur nach dem von Köln entsprochen haben, aber von größerer Dimension gewesen sein wird. Ein Kanal verband den inneren Hafen nach Osten mit dem äußeren. Über diese Einfahrt führte eine hölzerne Brücke, vermutlich als Klappbrücke konstruiert, um die Durchfahrt der Schiffe mit hohen Masten nicht zu behindern. Über den Ufern des Vorhafens lagen vornehme Villen, zum Teil Amtssitze des Kommandanten und der höheren Offiziere des Flottenstabes. Nach Süden hin erstreckte sich am Nordhang des hohen Vorgebirges die Stadt Misenum, eine römische Bürgerkolonie, von der sich u. a. noch heute das Theater erhalten hat. Die Einfahrt von Osten her aus dem Golf von Neapel in den Vorhafen war gegen das Meer durch zwei aufwendige

Molenbauten geschützt, die von den Ufern in die Bucht vorgebaut waren. Auf diese Weise war auch das äußere Hafenbecken gegen starken Seegang geschützt. Mit ihrer Ausdehnung über ein Areal von mehr als 2 km in der Länge vermittelt die Hafenanlage von Misenum eine Vorstellung von der Bedeutung der hier stationierten Flotte.

Ziegelstempel der Germanischen Flotte und der 22. Legion

In römischen Militärlagern treten neben vielen anderen Funden des täglichen Lagerlebens stets auch gebrannte Ziegel zutage. Sie stammen aus den Kastellgebäuden, wo sie als Bodenplatten, Substruktion von Fußbodenheizungen der Kastellbäder oder als Dachdeckung Verwendung fanden. Hergestellt wurden sie vor allem in Zentralziegeleien der Legionen. Da sie vor dem Brand mit dem Namen der produzierenden Einheiten gestempelt wurden, weiß man, daß neben den Legionen auch Hilfstruppen und die Flotten eigene Ziegel brannten. Die Germanische Flotte verwendete dabei das Kürzel CGPF für Classis Germanica Pia Fidelis. Vereinzelt finden sich ihre Ziegel in vielen Kastellen am Niederrhein, aber auch an der Schelde. In größeren Mengen treten sie jedoch im Flottenstandort Köln-Alteburg und im Lager Arentsburg an der niederländischen Nordseeküste auf, wo die Germanische Flotte anscheinend einen weiteren Stützpunkt besaß, den sie unter Verwendung ihres eigenen Baumaterials errichtet hatte.

Manchmal bestehen die Stempel zur Kennzeichnung der Ziegel nicht einfach aus dem Namen der Einheit, sondern tragen auch bildliche Darstellungen. So verwendete die 22. Legion in Mainz u. a. einen Stempel mit dem Bild eines Kriegsschiffs. Neben den Inschriften über den militärischen Werftbetrieb in Mainz belegen diese Zeugnisse, daß die 22. Legion über ein eigenes Kontingent von Kriegsschiffen verfügte.

Zeit: 2.-3. Jahrhundert n. Chr.
FO: Köln-Alteburg (1-3); Arentsburg (NL) (4-7); Mainz (8).
AO: Römisch-Germanisches Museum Köln (1-3); Rijksmuseum van Oudheden, Leiden (NL) (4-7); Römisch-Germanisches Zentralmuseum Mainz, Inv.-Nr. O.41358, Geschenk von J. F. Hille (8).

Bauinschrift aus Köln-Alteburg

[I(n) H(onorem) D(omus) D(ivinae) ET TVT]ELA[E NAVIS]
[- – -] M [- - - ET]
MILITES PLE[ROMATE EA]
DEM AEDEM [CVM SIGILLO]
AERE COLLAT[O FECERVNT]
[IMP(eratore) COMM(odo)] ET SEPTIM[IANO]
CO(n)S(ulibus)

Zur Ehre des Göttlichen (Kaiser-)Hauses und der Schutzgöttin des Schiffes.
...m... und
die Soldaten aus seiner Mann-
schaft haben den Tempel mit dem Götterbild,
nachdem sie das Geld gesammelt hatten, gemacht
(in dem Jahr), als der Kaiser Commodus und Septimianus
Consuln (waren).

Name und Rang des Haupstifters sind heute nicht mehr zu lesen. Da sich aber im folgenden Soldaten »aus seiner Mannschaft« nennen, kann es sich nur um einen Schiffskommandanten gehandelt haben. Der Kaiser Commodus (180-192 n. Chr.) ist nach seiner Ermordung offiziell geächtet worden, weshalb man seinen Namen auf der Inschrift tilgte.

Zeit: 190 n. Chr.
FO: Köln-Alteburg.
AO: Römisch-Germanisches Museum Köln, Inv.-Nr. 632.
Publ.: CIL XIII 8250.

DIE FLOTTEN ZU LAND UND IM ZIVILEN DIENST

Vor allem in Friedenszeiten wurden die Flotten ebenso wie die anderen römischen Heeresverbände für die Ausführung öffentlicher Bauvorhaben herangezogen. Dabei wurden die technischen Erfahrungen der Flottensoldaten im Pionierbereich genutzt; die Schiffe dienten als Transportmittel.

Der Steinabbau im Brohltal

Gemeinsam mit Verbänden des Heeres brachen Einheiten der Germanische Flotte den leicht zu bearbeitenden Tuffstein nördlich von Andernach. Obwohl noch im Territorium der Provinz Obergermanien gelegen, wurden die Brüche besonders intensiv von den Truppen aus der steinarmen Provinz Niedergermanien genutzt. Sonderkommandos der Germanischen Flotte stifteten zahlreiche Altäre in den Heiligtümern des Tales (Farbtafel 8).

Wandbild: Tuffsteinbruch im Brohltal

Felsrelief aus dem Brohltal mit Weihealtar für Iuppiter und Hercules

[I(ovi) O(ptimo) M(aximo)]
[E]T HERC(uli) [SAX(ano)]
L(egio) VI VI(ctrix) P(ia) F(idelis) L(egio) X
G(emina) P(ia) F(idelis) L(egio) XXII PR(imigenia) P(ia) [F(idelis)]
ET AL(ae) COH(ortes) CL[AS(sis)]
Q(uae) S(ub) Q(uinto) ACVT(io)
SV(nt) CV(ra) M(arci) I(ulii)
COSSVTI(centurionis) L(egionis) VI VIC(tricis)
P(iae) F(idelis)

Iuppiter, dem Besten und Größten,
und Hercules, dem Steinbrecher.
Die 6. Legion, die Siegreiche, Pflichtgetreue und Zuverlässige, (und) die 10. Legion,
Gemina (aus zwei Legionen gebildete), Pflichtgetreue und Zuverlässige, (und) die 22. Legion, die Primigenische, Pflichtgetreue und Zuverlässige,
und die Alen (und) Cohorten (und) die Flotte,
die unter (dem Oberbefehl des) Quintus Acutius
sind, (unter) dem (direkten) Befehl des Marcus Iulius
Cossutus, Centurio der 6. Legion, der Siegreichen,
Pflichtgetreuen und Zuverlässigen (haben den Altar gestiftet).

Quintus Acutius Nerva war von 101-103 n. Chr. Statthalter der Provinz Niedergermanien.

Zeit: 101-103 n. Chr.
FO: Brohltal.
AO: Rheinisches Landesmuseum Bonn, Inv.-Nr. 20788.
Publ.: CIL XIII 7715.

Weihealtar für Hercules aus dem Brohltal

HIIRCVLI S(axano)
F(lavius) NOBILI[S – – –]
CLASS(is) GER(manicae)
ET COMMILI[T(ones)]

[Q(ui) S(unt)] SVB CVRA
[EIVSDEM]
[V(otum) S(olverunt) L(ibentes) M(erito)]

Hercules, dem Steinbrecher.
Flavius Nobilis, ...
der Germanischen Flotte,
und die Kameraden,
die unter dem (direkten) Befehl
desselben sind,
haben (ihr) Gelübde eingelöst, gern nach Verdienst (der Gottheit).

Der Rang des Flavius Nobilis ist heute nicht mehr lesbar, weil der Stein an dieser Stelle beschädigt ist. Da er aber ein Sonderkommando der Flotte führt, wird er ein Centurio Classicus oder ein Trierarch bzw. Nauarch gewesen sein.

Zeit: Vor 89 n. Chr.
FO: Brohltal.
AO: Rheinisches Landesmuseum Bonn, Inv.-Nr. 5151.
Publ.: CIL XIII 7710.

Weihealtar aus dem Brohltal

[– – –]
CLASSI[S GE]R(manicae) P(iae) F(idelis) ET COMMI
LITONES CLA
SSIS EIVSDEM
[L(aeti)] ET L(ibentes) M(erito) V(otum)

...
der Germanischen Flotte,
der Pflichtgetreuen und Zuverlässigen, und die Kameraden derselben Flot-
te
(haben) freudig und gern nach Verdienst (der Gottheit ihr) Gelübde (eingelöst).

Zeit: Nach 89 n. Chr.
FO: Brohltal.
AO: Rheinisches Landesmuseum Bonn, Inv.-Nr. 4919.
Publ.: CIL XIII 7728.

Weihealtar für Hercules aus dem Brohltal

HERCV[LI SAX(ano)]
VEXIL(l)ARI(i)
[L(egionis)] I M(inerviae)] LEG(ionis) VI VIC(tricis) P(iae) F(idelis)
L(egionis)] X G(eminae) P(iae) F(idelis) ET AL(arum) COH(ortium)
Cl(assis) Q(uae) S(ub) Q(uinto) ACVT(io)
[S]V(nt) [CV(ra) M(arci) IVLI(i)]
COSSVTI (centurionis) L(egionis) VI
VIC(tricis) P(iae) F(idelis)

Hercules, dem Steinbrecher.
Die Abkommandierten
der 1. Legion, der Minervischen, (und) der 6. Legion, der Siegreichen, Pflichtgetreuen und Zuverlässigen,

(und) der 10. Legion Gemina, der Pflichtgetreuen und der Alen (und) Cohorten (und)
der Flotte, die unter (dem Oberbefehl) des Quintus Acutius
sind, (unter) dem (direkten) Befehl des Marcus Iulius
Cossutus, Centurio der 6. Legion,
der Siegreichen, Pflichtgetreuen und Zuverlässigen (haben den Altar gestiftet).

Zeit: 101-103 n. Chr.
FO: Brohltal.
AO: Rijksmuseum G. M. Kam, Nimwegen (NL).
Publ.: CIL XIII 7697.

Weihealtar für Iuppiter und Hercules aus dem Brohltal

I(ovi) O(ptimo) M(aximo)
ET HER(culi) SAX(ano)
VEXIL(lationes)
L(egionis) VI VIC(tricis) P(iae) F(idelis) L(egionis) X G(eminae) P(iae) F(idelis)
ET AL(arum) COH(ortium) CLA(ssis) G(ermanicae)
P(iae) F(idelis) Q(uae) S(ub) Q(uinto) ACVT(io)
SV(nt) CV(ra) M(arci) IVL(ii)
COSSVTI (centurionis)
L(egionis) VI VIC(tricis) P(iae) F(idelis)

Iuppiter, dem Besten und Größten,
und Hercules, dem Steinbrecher.
Die Sondereinheiten
der 6. Legion, der Siegreichen, Pflichtgetreuen und Zuverlässigen, (und) der 10. Legion Gemina, der Pflichtgetreuen und Zuverlässigen,
und der Alen (und) Cohorten (und) der Germanischen Flotte,
der Pflichtgetreuen und Zuverlässigen, die unter (dem Oberbefehl) des Quintus Acutius
sind, (unter) dem (direkten) Befehl des Marcus Iulius
Cossutus, Centurio
der 6. Legion, der Siegreichen, Pflichtgetreuen und Zuverlässigen, (haben den Altar gestiftet).

Zeit: 101-103 n. Chr.
FO: Brohltal.
AO: Rheinisches Landesmuseum Bonn, Inv.-Nr. A 1408.
Publ.: CIL XIII 7716.

STEINTRANSPORT ZUR COLONIA ULPIA TRAIANA

Um 100 n. Chr. gründete Kaiser Traianus (98-117 n. Chr.) in der Nähe des Legionslagers Vetera bei
Xanten die nach ihm benannte römische Stadt. Sie diente vor allem dazu, Legionsveteranen anzusiedeln.
Eine rege Bautätigkeit ist in der Stadt nicht nur während der Gründungsphase festzustellen. So wurde
160 n. Chr. unter Kaiser Antoninus Pius (138-161 n. Chr.) das Forum erneuert. Es war Mittelpunkt, wie
in jeder römischen Stadt, um den sich große öffentliche Bauten – Verwaltungssitze und Staatstempel –
gruppierten. Ein Kommando der Germanischen Flotte, dem der Steintransport übertragen war, setzte
aus diesem Anlaß dem Kaiser Antoninus Pius in Bonn eine Ehreninschrift. Zwar sagt die Inschrift nicht,
von wo das Steinmaterial kam, doch hat es sich möglicherweise um Trachyt vom Drachenfels gehandelt,
aus dem zumindest die Statuenbasis geschlagen wurde.

Wandbild: Tempel in der Colonia Ulpia Traiana

Weiheinschrift auf einer Statuenbasis aus Bonn

[PRO] SAL(ute) IMP(eratoris)
ANTON(ini) AVG(usti)
PII F(elicis) VEX(illatio) CLA(ssis)
GERM(anicae) P(iae) F(idelis) QVAE
EST AD LAPIDEM
CITANDVM
FORVM C(oloniae) V(lpiae) T(raianae)
IVSSV CLAVDI(i)
IVLIANI LEG(ati)
AVG(usti) PRO PRAE(tore)
CVRAM AGENTE
C(aio) SVNICIO
FAVSTO TRI[E]RARC(ho)
BRADVA ET VARO
CO(n)S(ulibus) V(otum) S(olvit) L(ibens) M(erito)

Für das Heil des Imperators
Antoninus Augustus
Pius, des Glücklichen. Die Sondereinheit der Germanischen Flotte,
der Pflichtgetreuen und Zuverlässigen, die
zum Stein-
transport (für das)
Forum der Colonia Ulpia Traiana
auf Befehl des Claudius
Iulianus, des Statthalters
des Kaisers,
unter dem (direkten) Befehl
von Caius Sunicius
Faustus, Trierarch, ist, hat
(in dem Jahr), als Bradua und Varus
Consuln (waren), (ihr) Gelübde eingelöst, gern nach Verdienst.

Zeit: 160 n. Chr.
FO: Bonn, Münster.
AO: Rhein. Landesmus. Bonn, Inv.-Nr. 3657.
Publ.:   CIL XIII 8036.

BAUTÄTIGKEIT AN DER HADRIANSMAUER

In England sicherte Kaiser Hadrianus nach 122 n. Chr. die römische Provinz gegen Einfälle aus dem Norden der Insel durch den Bau eines Limes. Dieser begann an der Nordsee östlich Newcastle und führte bis zur Irischen See westlich von Carlisle. Die Steinmauer mit vorgelagertem Graben wurde durch Kastelle in regelmäßigen Abständen gesichert. Die Beteiligung von Kommandos der Britannischen Flotte an den Befestigungsarbeiten belegen kleine Inschriftsteine, mit denen die Bautrupps ihre Abschnitte kennzeichneten. Die Bauinschrift von einem Gebäude im Kastell Benwell zeigt, daß Flottensoldaten auch am Ausbau der Lager beteiligt waren.

Wandbild: Hadriansmauer mit Kastell

Bauinschrift aus dem Kastell Benwell

IMP(eratori) CAES(ari) TRAIANO
HADR[IAN(o)] AVG(usto)
A(ulo) PLA[T]ORIO N[EPOTE] LEG(ato)
AVG(usti) PR(o) PR(aetore)
VEXILLATIO [CLASSIS] BRITAN(nicae)

Dem Imperator Caesar Traianus
Hadrianus Augustus (hat),
als Aulus Platorius Nepos Statthalter des Kaisers war,
ein Kommando der Britannischen Flotte (dieses Gebäude errichtet).

Zeit: 122-126 n. Chr.
FO: Kastell Benwell (GB).
AO: Museum of Antiquities, Newcastle u. T. (GB).
Publ.:   RIB 1340.

Baustein aus der Hadriansmauer beim Kastell Birdoswald

PED(atura) CLA(ssis)
BRI(tannicae)

Der in Fuß gemessene Abschnitt der Britannischen Flotte.

Zeit: 122-138 n. Chr.
FO: Hadriansmauer beim Kastell Birdoswald (GB).
AO: Museum Carlisle (GB).
Publ.:   RIB 1945.

BAU DER WASSERLEITUNG VON SALDAE (ALGERIEN)

Am aufwendigen Bau der Wasserleitung für die antike Stadt Saldae, dem späteren Bougie und heutigen Bejaïa, waren neben Heeresteilen auch Flottensoldaten in den Jahren um 150 n. Chr. beteiligt. Vermutlich gehörten sie zu dem kombinierten Geschwader von Einheiten der Syrischen und Alexandrinischen Flotte, das in Cherchel an der Mittelmeerküste lag. Über den schwierigen Bau der Leitung, zu der ein Aquädukt auf Pfeilern und ein Tunnel durch einen Bergrücken gehörten, berichtet der planende Ingenieur Nonius Datus ausführlich auf seinem Grabmal.

Wandbild: Aquädukt und Tunneleingang der Wasserleitung von Saldae

Grabmal des Nonius Datus aus Lambaesis (Algerien)

Vom Grabmal haben sich nur drei Seiten des ursprünglich sechsseitigen Pfeilers sowie der zugehörige Teil der oberen Gesimsplatte erhalten. Die Bekrönung des Denkmals sowie der Sockel sind in Anlehnung an entsprechende Vorbilder rekonstruiert (Abb. 38). Von den verlorenen Seiten trug die mittlere sicher den Namen des Toten mit Angaben zu seiner Person – daß er z. B. ein Veteran der 3. Legion gewesen ist. Auf der Seite rechts von der Mitte begann dann die Inschrift, die von dem herausragenden Werk des Verstorbenen, dem Bau der Wasserleitung von Saldae, berichtet. Am unteren Ende dieser Seite stand die Adresse eines Briefes, dessen Text auf der nächsten – der ersten erhaltenen – Seite folgt. An diesen schließt die weitere Schilderung der Arbeiten

an, die sich über die zweite erhaltene Seite bis zur dritten erhaltenen fortsetzt. Dort beginnen Brieftexte, die auch die verlorene weitere Seite – links von der nicht erhaltenen mit dem Namen des Toten – gefüllt haben werden. Bei Nonius Datus muß es sich um einen angesehenen Vermessungsingenieur gehandelt haben, von denen es in den römischen Provinzen nicht viele gegeben hat. Offenbar konzentrierten sich solche Spezialisten im Dienst des Heeres. Nur so ist es zu erklären, daß sich die Statthalter der Provinz Mauretania Caesariensis mehrfach an die Legionskommandeure von Lambaesis in der Nachbarprovinz Numidia gewandt haben, um die Hilfe des Nonius Datus zum Bau der Wasserleitung von Saldae in Anspruch zu nehmen. Von daher wird der Stolz des Ingenieurs über seine Arbeit verständlich, den er auf seinem Grabmal durch die Abschrift der offiziellen Korrespondenz zum Ausdruck bringt.

Die Geduld (patientia)

(Brief des Statthalters Varius Clemens an den Legionslegaten Valerius Etruscus) [Varius Clemens grüßt den Legaten ... Valerius] Etruscus: »Sowohl die glänzendste Stadt Saldae als auch ich zusammen mit den Bürgern von Saldae bitten Dich, mein Herr, Du mögest Nonius Datus, Veteran der leg(io) III Aug(usta) und Nivellierer, auffordern, nach Saldae zu kommen, um das zu Ende zu führen, was noch übrig ist von seiner Arbeit.« Ich reiste ab und wurde unterwegs von Räubern überfallen; beraubt und mit Wunden bedeckt entkam ich mit meinen Leuten; ich kam nach Saldae und traf den Prokurator Clemens. Er ließ mich zum Berg führen, wo man einen Stollen von einer bedenklichen Bauleistung beklagte; man hielt ihn für wert, die Arbeit an ihm aufzugeben, weil der Durchstich des Stollenbaus länger geworden war als der Durchmesser des Berges. Offensichtlich war man bei der Ausschachtung von der Richtung abgekommen, so daß der obere Stollen ...

Die Tapferkeit (virtus)

... in Richtung Süden nach rechts abwich, der untere Stollen gleichfalls nach rechts in Richtung Norden abwich: beide Teile verfehlten sich also, da man von der Richtung abgekommen war. Die Richtung aber war durch Pfähle auf dem Berg von Osten nach Westen ausgerichtet worden. Damit indessen für den, der die Richtung ermittelt, kein Irrtum über den Verlauf der Stollen entsteht, laßt uns unter dem, was als 'oberer' und 'unterer' beschrieben ist, folgendes verstehen: der obere Teil ist der, wo der Kanal Wasser aufnimmt, der untere, wo er Wasser ausströmen läßt. Als ich den Bau anwies, damit die Arbeiter wüßten, welche Länge beim Durchstich ein jeder habe, veranstaltete ich einen Leistungswettbewerb unter den Flottensoldaten und den Tagelöhnern, und so kam man zum Durchstich ...

Die Hoffnung (spes)

... des Berges. Ich also, der ich als erster das Niveau ermittelt, die Richtung angewiesen und die Arbeiten hatte machen lassen nach dem Plan, den ich dem Prokurator Petronius Celer gegeben hatte, habe den Bau zu Ende gebracht. Als der Bau vollendet war, und das Wasser floß, weihte ihn der Prokurator Varius Clemens feierlich ein. Fünf Scheffel (?? Wassermenge pro...??). Damit meine Mühen um diesen Aqädukt von Saldae noch deutlicher erscheinen, habe ich einige Briefe beigefügt. (Brief des Prokurators) Porcius Vetustinus an (den Legaten) Crispinus: »Du hast sehr gütig gehandelt, mein Herr, sowohl Deiner sonstigen Freundlichkeit als auch Deiner Güte angemessen, daß Du mir den ausgedienten Soldaten Nonius Datus geschickt hast, damit ich mit ihm über die Arbeiten verhandelte, deren Leitung er übernahm. Daher habe ich, obwohl ich zeitlich in Not war und nach Caesarea eilte, dennoch einen Abstecher nach Saldae gemacht und den Aqädukt in Augenschein genommen, der glücklich begonnen wurde, aber gewaltige Arbeitsleistungen erforderte und der ohne die Leitung durch Nonius Datus nicht hätte zu Ende geführt werden können, der den Bau zugleich mit Sorgfalt und Gewissenhaftigkeit leitete. Daher wollte ich Dich bitten, uns zu erlauben, daß er sich einige Monate (hier) aufhalten dürfe für die Leitung der Arbeit, wenn ihn nicht eine Krankheit befallen hätte, die er sich zugezogen hatte [von den zahlreichen und schwierigen Arbeiten ...]

(Übersetzung nach H. Freis)

Zeit: Nach 152/153 n. Chr.
FO: Lambaesis (Algerien).
AO: Vor der Verwaltung von Bejaïa (Algerien)/Rom (I), Museo della Civiltà Romana.
Publ.:   CIL VIII 2728.

Abb. 38   Grabmal des Nonius Datus. Bejaïa (Algerien)/Rom, Museo della Civiltà Romana. – Rekonstruktion.

DIE TRUPPENBETREUUNG

Römische Feiertage zeichneten sich dadurch aus, daß an diesen Tagen Schauspiele, Gladiatorenkämpfe und sportliche Wettkämpfe veranstaltet wurden. Beim Militär traten zu diesen Gelegenheiten auch Soldaten auf. Heute weitgehend verwitterte bzw. verlorengegangene Inschriften aus Misenum (Italien) und Salona (Kroatien) überliefern für die Misenische Flotte einen *Scenicus* und einen *Biologos*, beides Bezeichnungen für Schauspieler. Eine verlorengegangene Statuenbasis aus den Niederlanden wurde von Gladiatoren der Germanischen Flotte gestiftet. Soldaten der Misenischen Flotte werden auf zwei Inschriften zu Ehren Kaiser Caracallas (211-217 n. Chr.) und seiner Mutter Julia Domna als Veranstalter von Spielen genannt.

Wandbild: Die »Truppenbetreuung« (in Vorbereitung)

✻

Noch im Aufbau befinden sich die Abteilungen zu den Kriegsschiffen des 1.-3. Jahrhunderts – hier stehen vor allem die Schiffe der Trajanssäule in Rom und das Trierer Weinschiff im Mittelpunkt – sowie zur Handelsschiffahrt in Gallien und Germanien.

Auflösung der Sigel:		
	BGU	Berliner Griechische Urkunden
	CIL	Corpus Inscriptionum Latinarum
	RIB	The Roman Inscriptions of Britain
	RMD	Roman Military Diplomas

Museum für Antike Schiffahrt
Neutorstraße 2B
D–55116 Mainz
Tel. 06131/28663-0

Geöffnet täglich außer Montag, 10-18 Uhr

RÖMISCH-GERMANISCHES ZENTRALMUSEUM
FORSCHUNGSINSTITUT FÜR VOR- UND FRÜHGESCHICHTE

Ernst-Ludwig-Platz 2, 55116 Mainz   Tel: 06131/232231 · Fax: 06131/232235

Aus dem Publikationsprogramm:

DIE METALLZEITEN
IN EUROPA UND IM VORDEREN ORIENT
DIE ABTEILUNG VORGESCHICHTE IM RGZM
von Markus Egg und Christopher F. E. Pare

246 S. mit 80 Taf., 32 Farbtaf., 12 Farbkarten als Beilagen, Leinen mit Schutzumschlag, Format DIN A 4, DM 80,- (Verkaufs-
preis an der Ausstellungskasse DM 48,-)
ISBN 3-88467-035-2

Kataloge vor- und frühgeschichtlicher Altertümer, Band 26 (1995)

VIERRÄDRIGE WAGEN DER HALLSTATTZEIT
UNTERSUCHUNGEN
ZU GESCHICHTE UND TECHNIK

Inhalt: P. Schauer, Der vierrädrige Wagen in Zeremonialgeschehen und Bestattungsbrauch der orientalisch-ägäischen Hochkultu-
ren und ihrer Randgebiete. – Chr. F. E. Pare, Der Zeremonialwagen der Urnenfelderzeit – seine Entstehung, Form und Verbrei-
tung. – H. P. Uenze, Der Hallstattwagen von Großeibstadt. – M. Egg, Das Wagengrab von Ohnenheim im Elsaß. – F. E. Barth,
Der Wagen aus der Býčí skála-Höhle. – J. Biel, Der Wagen aus dem Fürstengrabhügel von Hochdorf, mit einem Beitrag von Chr.
F. E. Pare, Bemerkungen zum Wagen von Hochdorf. – H.-E. Joachim, Der Wagen von Bell, Rhein-Hunsrück-Kreis. – M. Egg u.
A. France-Lanord, Der Wagen aus dem Fürstengrab von Vix, Dép. Côte-d'Or, Frankreich. – M. Egg, Zum Bleiwagen von Frög in
Kärnten. – Chr. F. E. Pare, Der Zeremonialwagen der Hallstattzeit – Untersuchungen zu Konstruktion, Typologie und Kulturbe-
ziehungen.

256 S., 148 Abb., 72 Taf., 9 Farbtaf., Format DIN A 4, Leinen, DM 69,-
ISBN 3-88467-016-6

Monographien des Römisch-Germanischen Zentralmuseums, Band 12 (1987)

ANTIKE HELME
SAMMLUNG LIPPERHEIDE UND ANDERE BESTÄNDE
DES ANTIKENMUSEUMS BERLIN

Inhalt: Vorworte (W.-D. Heilmeyer und U. Schaaff). – Geschichte der Sammlung: H. Pflug, Franz v. Lipperheide, Verleger,
Sammler und Mäzen. – H. Pflug, Die Helmsammlung der Berliner Museen. – Griechische Helme: H. Pflug, Griechische Hel-
me geometrischer Zeit. – H. Pflug, Kyprische Helme. – H. Pflug, Illyrische Helme. – H. Pflug, Korinthische Helme. – A. Botti-
ni, Apulisch-korinthische Helme. – H. Pflug, Chalkidische Helme. – G. Waurick, Helme der hellenistischen Zeit und ihre Vor-
läufer. – Helme der Urnenfelderkultur: P. Schauer, Die kegel- und glockenförmigen Helme mit gegossenem Scheitelknauf
der jüngeren Bronzezeit Alteuropas. – F.-W. von Hase, Früheisenzeitliche Kammhelme aus Italien. – Italische und alpine Helme: M. Egg, Die ältesten Helme der Hallstattzeit. – M. Egg, Italische Helme mit Krempe. – M. Egg, Oberitalische Kegelhelme
und Tessiner Helme, lokale Erzeugnisse der Eisenzeit. – H. Pflug, Italische Helme mit Stirnkehle. – Keltische Helme: U.
Schaaff, Keltische Helme. – Römische Helme: U. Schaaff, Etruskisch-römische Helme. – G. Waurick, Römische Helme. – H.
Pflug, Helm und Beinschiene eines Gladiators. – Katalog der Helme des Antikenmuseums Berlin.

560 S., 814 Abb., 7 Farbtafeln, 2 Beilagen, Format DIN A 4, Leinen, DM 150,-
ISBN 3-88467-19-0

Monographien des Römisch-Germanischen Zentralmuseums, Band 14 (1988)
herausgegeben in Verbindung mit den Staatlichen Museen Preußischer Kulturbesitz Antikenmuseum Berlin